# 男と女の性犯罪実録調書②

諸岡宏樹

鉄人文庫

# 【まえがき】

週刊実話で連載中の「男と女の性犯罪実録調書」では、タブーが一つある。それはロリコン物を書かないということだ。なぜなら、犯行描写を詳しく書くと、それ自体が児童ポルノ製造になってしまう恐れがあるからだ。

だが、ロリコン犯罪者は特に再犯率が高い。だから、書きたくて仕方がない。それが警鐘になると思うからだ。

例えば、懲役10年を言い渡された23歳の男は、3年3カ月にわたり、平均10歳の少女83人に対してわいせつ行為をしていた。男は少年時代にも同種犯行で検挙され、少年院に送られていた。

また、29歳にして前科6犯のロリコンホモ男は、商業施設のトイレで男児の下半身を撮影した迷惑防止条例違反の疑いで逮捕された。男は「刑務所には入りたくないが、出所してから日常生活を送るうち、どんどん反省が薄れていく。好みの幼い男の子を見ると、自分の性欲をコントロールすることが難しくなる。自転車で追いかけて、怖がる姿を見るだけでも興奮する」と供述した。

同様に図書館のトイレで張り込み、6歳の女児にキスをした男は懲役2年6カ月の実刑判決を言い渡された。男は刑務所から出所したばかりで、著名な性犯罪治療センターに通っていたが、「ガマンできなくなって、またやってしまった」と供述した。

性癖というのは、そう簡単に治るものではない。本人が心から自分の性癖を変えたいと願い、専門家によるカウンセリングや薬物療法など、〝補助〟ぐらいにしか考えないような人でなければ、「治療」は難しいだろう。

だから、子供を狙う性犯罪者と、暴力と性欲が直結しているタイプの性犯罪者については、「犯罪者登録法」を制定し、その情報を住民に開示すべきだ。

それがかなわないなら、せめて警察、検察、法務省など国の機関が情報を共有できるシステムを作り上げて、有事に備えるべきだ。刑の執行が終わった途端、野放しにされ、誰の責任でもないなんて、今の状況はどう考えてもおかしい。

２０１８年3月の内閣府の調査によると、女性の約13人に１人は無理やり性交等をされた経験があるという。ところが、そのうちの6割は誰にも相談していない。その理由は「恥ずかしくて誰にも言えなかったから」「自分さえガマンすれば、何とかこのままやっていけると思ったから」「そのことについて思い出したくなかったから」といったものだが、もっと驚くのは警察に相談したのが、2・8%しかいなかったことだ。そのうち検挙されるのは何%になるだろう。犯人が認めていても、起訴まで持ち込めるのは10件に1件と言われている。それぐらい表面化する性犯罪は少ないということだ。

だから、本書で取り上げるものも氷山の一角である。それでも唾棄すべきものがほとんどである。しかし、性犯罪者は驚くほど同じパターンで犯行に及ぶケースが多い。夜道の一人歩きはやめてほしい。玄関と窓は必ず施錠する癖をつけてほしい。女性の部屋だと分かる赤やピンク系のカーテンは付けないでほしい。これだけでも効果があるはずだ。性犯罪者たちの手口は、常に過去の手口の焼き直しである。

2020年10月　諸岡宏樹

# 【目次】

＊文中の登場人物は全て仮名です。
＊事件発生の時期や場所は伏せています。
＊登場人物のカッコ内の年齢は、事件発生当時のものです。
＊文中の罪名は事件当時のものです。

# 大学浪人を8年続けた男は「スパイダーマン」と呼ばれる強姦魔になった

愛知発

『週刊実話』2007年4月19日号

その男は冬風の吹きすさぶマンションの屋上で、手袋も着けずに立っていた。そして、素手のままマンションのへりにぶら下がり、体の反動を利用して、真下のベランダに飛び移った。

この身の危険も顧みない行為が世のため人のためなら美談だが、男は違った。女性を凌辱するためだけに体を張り、70件もの強姦や強制わいせつを成功させていたのである。

鉄工所を営む両親の長男として生まれた土橋亮（32）は、妹と共に4人家族で暮らしていた。子供の頃は剣道少年で、中学生になると県大会でベスト16に入るほどの実力だったが、勉強は苦手で、推薦入試でも一般入試でも失敗。多くの友人たちとは別の高校に通わなければならなくなった。

高校を卒業すると、工業系の専門学校に進学した。幼馴染みが大学生活をエンジョイしている姿を見て、コンプレックスを感じるようになり、「やっぱり大学へ行かなければ、自分の人生は開けない」と思い込み、専門学校を中退して大学受験を志した。

だが、「数学の教科書を1ページ読むだけで3日もかかってしまったり、予備校には受験情報を見に行くだけで、まったく勉強しなかった」という土橋は、当然ながら不合格。2年目も3年目もまったく勉強しないので、受かる大学などあろうはずがなかった。

浪人4年目を迎えた頃、土橋はバイト仲間の大学生から、ある全寮制予備校の話を聞かされた。

「偏差値30～40台でも、いい大学へ行ける。全寮制の予備校なので、強制的に1日中勉強させられる。土橋君はそこへ行くしかないんじゃないかな。お金さえあれば、爆発的に成績が伸びる。東大や京大だって夢じゃない」

その話を真に受けた土橋は、費用を出してくれと親にねだったが、「寮費が1年間で400～500万円なんて、とても無理」と断られ、それ以来、土橋は大学受験の失敗をすべて親になすりつけるようになった。

浪人6年目の秋、受験のために借りていたアパートを引き払い、実家に戻ってきた土橋は、「自分がこうなったのはすべて親のせいだ」と八つ当たりし、暴力を振るうようになった。

「中卒で、能なしで、稼ぎが悪くて、要領が悪い。オフクロは何でこんなヤツと結婚したんだ。オレのオヤジを捜してきてくれよ。親だったら強盗をしてでも、街角に立ってでも、子供に金を持ってくるものだ。オレを弁護士にしてよ、医者にしてよ、丹下健三みたいな建築家にしてよ。お前らがオレをこんなふうに育てたんだ！」

父親を挑発しては、「こーい、こーい」と手招きしてケンカを売り、母親からは金をせびり、妹には「風俗に沈めてボロボロにしてやる」などと脅迫した。そんな生活が3年余り。両親は疲れ果て、心中すら考えるほどになった。土橋に「働きなさい」と言っても、「受験」を口実に働こうとせず、金をせびるばかりだった。

さらに土橋は親を説得して実家を離れ、のちの逮捕時に住んでいたマンションで一人暮らしするようになった。もはや「受験生」とは名ばかりで、まったく勉強しない土橋は、「人並みの青春時代を送れなかった」という理由から、下着泥棒を始めるようになった。

ある日、マンションのベランダに干してあった派手な下着を見て、「どんな女が穿いてるんだろう」とムラムラした土橋は室内に侵入し、寝ていた女性（24）に襲いかかった。

「キャーッ!!」

「静かにしろ。おまえ、借金があるだろ。オレはヤクザで人に頼まれてきたんだ！」

それ以来、土橋は堰を切ったように次々と女性を襲うようになった。「マンションの高層階に住む女性は警戒心が少ない」という経験則から、屋上経由で配水管などを伝ってベランダから侵入。己の手足のみでマンションの外壁などにしがみつき、そこからはベランダ伝いに隣の部屋へと次々に移動していった。

土橋にとって、どのマンションに侵入するかの基準となったのは10階建て前後のワンルームマンションで、屋上から高層階のベランダに侵入できるかどうか。もしくは、地上から素手でよじ登って侵入できるかどうかだった。そうした物理的な要因を優先させたため、たどり着いた部屋に女性が住んでいるかどうかまでは分からない。そこで、土橋はカーテンの色や干してある洗濯物で、住人の性別を判断していた。

高層階に住んでいた風俗嬢の女性（23）は、まさか人が侵入してくるとは思っておらず、ベランダ側の窓を無施錠にして寝ていた。土橋はいきなり襲い掛かり、「オレを見るな。見たら目を潰すぞ！」などと言って、顔にバスタオルをかけて強姦した上、「へそくりはどこにある？」などと聞き、約8万円を奪って逃走した。この被害者はのちに自殺未遂を起こした。

土橋は最初は強姦目的だったものの、被害者に「金目的の強盗」と思わせると簡単に強姦できることを知り、やがては通報されないように携帯電話の電池パックを奪ったり、自分の精液や唾液をシャワーで洗い流させるようになった。さらにマンションに侵入するだけでなく、警察官を装って路上で呼び止め、その場で強姦する事件も起こしていた。

逮捕の1年前、自転車で帰宅途中の高2少女を呼び止め、「お前の先輩に命令された。大声を出したら殺すぞ！」などと脅し、路地裏で強姦。その2カ月後には、盆踊りから帰宅途中だった中1少女を呼び止め、畑に引きずり込んで強姦しようとしたが、失敗する事件も起こしていた。

その後も高層階を狙った強盗強姦事件を繰り返す一方で、日頃は「一流大卒のテレビ局プロデューサー」を名乗り、知り合った女性を風俗で働かせて金を貢がせるなどしていた。

逮捕前、土橋は両親に「オレは悪事を働いている。いずれテレビの前で詫びる日が来るだろう。オレと一緒に地獄に堕ちろ！」などと犯行をほのめかしていた。

最後に足がついたのはひょんなことだった。飲食店に勤める顔なじみの女性（22）と口論になり、「飲食代金を返せ」と迫った上、車内で強引にキスなどをしたところ、女性が怒って警察に駆け込み、強制わいせつ容疑で逮捕されたのだ。

その捜査過程で、土橋の指紋やＤＮＡが採取され、おびただしい余罪が発覚した。土橋は逮捕時に約70件の犯行を認める上申書を提出していたが、強盗強姦が「無期懲役」も有り得る重罪と知ると、犯行を否認。「やった覚えはないが、証拠があるなら私でしょう」などと開き直り、調書作成に協力しなくなった。

検察側は物証がある15件を起訴。わずか1年半で12歳～37歳の女性15人に対し、強盗強姦5件、強姦致傷4件、強姦3件、強盗強姦未遂、強姦未遂、強制わいせつ各1件などの犯行を働いたというものだった。

土橋は公判で「冷たくて貧しい両親に育てられ、こんな人間になってしまった」と同情を引こうとしたが、検察側は「高額所得者を夢見て高望みし、現実逃避してきたエゴイズムの権化」と非難し、土橋の母親を検察側証人として出廷させた。

土橋の母親は泣きながら「息子との地獄の日々」について語った。

「息子にカウンセラーを付けたこともあったし、病院に入院させたこともあったけど、ここまで来てしまって…。愛情をかけて育てたつもりでも、受け取る本人がそう感じなければ、どうしようもない。拘置所から送ってきた手紙の中でも『助けてください』と言いながら、『ここまで導いたのは親です』と書いていた。息子には無期懲役を望んでいます。もし、出てきたら同じことを繰り返す。妹は怖がって身を隠している状態だし、『お父さんやお母さんは死んじゃうからいいけど、私はあの人が出てきたら、どこへ逃げたらいいの…』と怯えている。妹にこの子を託すことなんてできません。もう息子には刑務所の中で静かに生きとってもらいたいです」

裁判所は「被害者の気持ちを一顧だにしない、鬼畜にも劣る犯行。反省の態度と意欲にも欠けており、終生、贖罪の日々を送らせるしかない」として、土橋に無期懲役を言い渡した。

　ちなみに土橋は事件を起こした原因について、こんなことを言っていた。

「大学受験のために8年も浪人し、自分は社会からポンっと飛び出している感じだった。周囲との差がどんどん開き、孤立している状態が苦しかった。みんなと同じ普通の青春が送れなかったから、レイプ魔になった。親ならこの苦しさを分かってほしかった…」

　あまりにも甘ったれた性犯罪者の言い訳である。

男と女の性犯罪実録調書

# 偽テレビ局スタッフが道路脇に止めたワンボックスカーで強姦ロケ

岐阜発

『週刊実話』2009年6月25日号

教育実習中の女子大生である瀬川美緒さん（21）は帰宅途中、駅前の路上で問題の渡部晃（33）に声をかけられた。

「テレビ局の者ですが、ちょっとだけお時間いいですか？」

「何でしょうか？」

「自分は深夜番組のスタッフなんですが、アンケートにご協力いただきたいんです」

アンケートぐらいならと美緒さんが応じると、名前や年齢、職業などのほかに「下着は何枚持っているか」「感じるところはどこか」「彼氏とはどんなエッチをしているのか」などと、性的な質問もいくつかされた。

「音声を録るので、ここじゃ何ですから、車の中に入ってもらえませんか？」

道路脇に止められたワンボックスカーの中に入ったところ、オーディオの赤い光が見え、録音しているらしいことが分かった。渡部は携帯で「取材ＯＫになりました」などとどこかに電話をかけていた。

「番組ではゲームをしてるんですよ。賞金も出ますので、参加してもらえませんか？」

渡部は美緒さんにプラスチック製のカプセルを３つ差し出し、「どれか選んでほしい」と頼んだ。その１つを選ぶと、中には「服を着たまま下着を脱ぐ」という紙が入っていた。

た。

「リスナーが喜ぶから。カーテンも閉めますから」

渡部は言葉巧みに美緒さんをその気にさせ、美緒さんが応じる様子を見せるや、「リスナーの皆さん、実況中継です。さぁ、どこから脱ぐのでしょうか」などともてはやした。

美緒さんはTシャツ姿のままブラを外し、ズボンとパンティーを脱いだ。渡部は「ランクアップ！」と叫び、大はしゃぎした。

「素晴らしいです。次はじゃんけんをしてもらいます。あなたには負けてもらいますからね。パーじゃなく、チョキを出してください」

事前に渡部にそのように言われ、美緒さんが言う通りにすると、「こちょこちょに耐えてもらいます」などと実況しながら、渡部がタオルで目隠ししてきた。そして、「頭の後ろで手を組んでください」と指示され、言う通りにすると、いきなり後ろから胸を揉んできたのだ。

「えっ、ちょっと、やめてください…」

手を下ろして胸をかばうと、「手を離したから罰ゲーム」と言って、「オレの膝の上に手を置け」と命じられ、正面から堂々と胸を揉まれ、陰部にも指を入れられた。

「やめてください、これ以上は無理です」

「手は膝の上だと言っただろう！」

ここから渡部は人が変わったような命令口調となり、「そこに四つん這いになれ！」と怒鳴ってきた。美緒さんが嫌がると、何度も平手で尻を叩いた。

「オレの言うことが聞けないのか。四つん這いになれと言っているだろう！」

この後、美緒さんは2時間半にわたり、渡部から変態的なＳＭ凌辱を受けることになった。全裸にさせられた美緒さんは車外に逃げることもできなかった。渡部は執拗にバックから挿入しようとしたが、それに失敗すると、美緒さんの顔の前にペニスを突き出し、「舐めてくれれば、許してやろう」と言って、ペニスで頬を叩いた。

「私はご主人様の奴隷です、と言え」

「私は…、あなたの奴隷です」

「ご主人様だろう！」

「すみません。私はご主人様の奴隷です」

「ワハハ、お前は変態なのだから、お尻を叩かれるのも好きだろう。後ろでしたことはあるのか？」

「ないです」

「じゃあ、オレが教えてやるよ」

「やめてください…」

「痛いのは最初だけだ！」

渡部は肛門の中に指を入れ、ペニスを挿入しようとしたが、何度やってもうまくいかず、「くそっ」と言って、膣にペニスを挿入。バックや正常位で交わりながら、執拗にディープキスを繰り返した。

「オレと彼氏、どっちがいい？」

「……」

「答えんか！」

「…ご主人様の方がいいです」

屈辱で涙を流す美緒さんに対し、渡部は「お前、泣いているんか？」と聞き、S心が刺激されたのか、再び肛門にペニスを入れようとしてきた。そして、あろうことかズッポリと肛門にペニスが収まったのだ。

「ううう…」

これまで経験したこともない痛みが体中を駆け巡り、何度も「痛い、痛い」と叫んだが、渡部は「お前はドMなんだから、痛いのがいいんだろう」と言って、腰を振り続けた。

「今度は彼氏にも後ろでしてもらえ！」

「学校の友達にも後ろでやったと自慢してやれ！」

「お前のような変態は教師になっても生徒にこうされたいんだろう！」

渡部は一方的に身勝手なことを言って抜き差しを繰り返し、「出されるなら後ろか、口か」と尋ねた。

「後ろがいいです…」

「オレのは飲めないのか、まァいいや…」

しかし、渡部は「車の中ではやりにくい」と言って、射精しないまま終了。代わりに「また今度会ってくれ。それから今日は下着をつけないで帰れ」と命令し、メールアドレスと携帯番号を聞き出した。

「日曜日にまたここへ来い。来なければ今日録音したものを大学でバラまくからな！」

美緒さんは自宅へ帰る途中、嘔吐してしまい、動けなくなって、母親に迎えに来てもらった。果たしてこれは現実なのか。悪い夢でも見ているのではないか。それでも母親に今あったことを打ち明けることはできなかった。

渡部の携帯番号やメールアドレスは着信拒否にして、もちろん約束を守ることもなかったが、怒り狂った渡部は後日、「大学の関係者」を名乗り、美緒さんが教育実習をしている小学校に電話をかけてきた。

「なぜ着信拒否にするんだ。今夜8時に駅前に来い。周囲の人に迷惑をかけてもいいのか。来なければもっとひどい目に遭うぞ！」

それに耐えかねた美緒さんは電話口で泣き崩れ、事情を聞いた教頭が110番通報。渡部は2週間後に強姦などの疑いで逮捕された。

事件が報道されると、次々と別の被害者が名乗り出てきた。ショッピングセンターに勤める女性店員（20）は店の駐車場で声をかけられ、まったく同じ手口で胸を揉まれるなどの被害に遭っていた。

他にも被害者は2人いたが、「和姦」という主張を突き崩せず、結局、渡部は美緒さんに対する強姦罪と別の女性に対する強制わいせつ罪でのみ起訴された。

渡部は公判で時折笑みを浮かべながら、堂々と「無罪」を主張した。

「美緒さんは『痛い』なんて一切言ってないですね。学校に電話をかけたのは、メールを再開してほしいと思ったからです。『やめてください』と言われたことも一切ないし、脅したこともない。テレビの取材と騙したことだけは悪い。AVと同じようなことがしたかった。雰囲気でああなったけど、彼氏がいるって言ってたし、学校でバレたんで、強姦と言うしかなくなったんじゃないですか」

だが、裁判所は渡部の主張をすべて退け、懲役6年の実刑判決を言い渡した。渡部は有罪の宣告がよほど意外だったのか、茫然とした様子で判決理由に聞き入った。

「被告人の供述は証拠と整合しない上、被害者の同意があったとは認められない。あらかじめアンケート用紙などを用意し、被害者が逃げられないようにして、口淫や肛門性交を強要するなど、執拗で悪質な犯行である。不合理な釈明に終始し、真摯に反省しているとも言い難い」

ちなみに渡部は美容師である。美容師の資格は刑事罰では剥奪されないので、出所後はまた美容師の仕事に復帰するのだろう。凌辱の限りを尽くした女性の敵は、素知らぬ顔でまた女性の髪を触るのだろうか。

男と女の性犯罪実録調書

# ベランダに前カノの白骨死体を7年間放置した男の仰天動機

大阪発
『週刊実話』2019年6月13日号

その事件は、家賃を滞納していた藤本孝明（28）のワンルームマンションに、不動産業者が立ち入ったことから発覚した。

藤本は月4万2000円の家賃を数年間滞納していた。家賃の保証会社が変わって、悪質な滞納者については督促に乗り出したのだが、藤本と一向に連絡が取れないので、社員2人が明け渡し作業のため、部屋の中に入ることになったのだ。

すると、ベランダに異様なものが放置されていた。毛布に包まれ、耐え難い臭いがする。中を開けたところ、それは下着姿の女性の白骨死体だった。

「ヒィーッ！」

業者は直ちに110番通報。警察の捜査は初動から大きく動いた。なぜなら、部屋の中に「7年前に彼女を殺した。心中しようと思ったが、自分は死にきれなかった」というメモが残されていたからだ。

「家賃を滞納していたぐらいだ。金銭的な余裕はないだろう。そう遠くへは行っていないはずだ」

警察は捜査の網を縮めていき、翌日の朝に現場から約1キロ離れたファストフード店で食事をしていた藤本を発見。その場で任意同行を求め、殺人容疑で逮捕した。

被害者は、藤本が高校時代から付き合っていた1学年上の永田江利佳さんと分かった。

江利佳さんは事件直前まで生活保護を受けていたが、藤本と同棲することになり、藤本と一緒に地元の区役所を訪れてから行方不明になっていた。

藤本の供述によると、それから1週間後に江利佳さんが「もう生きていたくない。殺してほしい」と言うので、首を絞めて殺したという。

「オレは希望通りにしただけ。江利佳の望むことなら何でもしてやりたいと思っていた。最初は死体を風呂場に置いていたが、臭いが気になるようになり、ベランダに移した」

さらに驚くべきことは、のちに共犯者として逮捕されることになる元妻の藤本美幸(23)と結婚し、その部屋で1年近く結婚生活を送っていたことだ。

「それがどうして彼女にバレなかったんだ。洗濯物でも干せば、すぐに気付かれることだろう」

「彼女とは立場が逆だった。自分が〝専業主夫〟として家事を担当し、彼女が外に出て働いていた。彼女には『下水の臭いがするから、ベランダの窓は開けるな』と言っていた」

その後、美幸は離婚して別のアパートに移っていったが、離婚後も「寂しいから、家に来てほしい」と言って、事実上、藤本と婚姻生活を継続させていた。

事件が発覚した当日、藤本は美幸に〈出ていく。荷物は全部捨ててくれて構わない〉

というＬＩＮＥのメッセージを残し、姿をくらました。

その翌日、一度戻ってきて、美幸に食料品やバイクの調達を頼んだ。美幸は何も知らず、藤本の逃亡を手伝うことになった。

その後、美幸も犯人隠匿の疑いで逮捕されたが、すべての事情が明るみに出ると、不起訴処分になった。

一方、藤本は殺人罪で起訴され、３カ月の鑑定留置が決定。刑事責任能力については「問題ない」とされたが、事件に至るまでの経緯については驚くべき背景が明らかになった。

藤本は父親に虐待されて育ち、小４からは特にひどくなり、素手で殴る蹴るはもちろん、孫の手で殴られたり、木製イスで殴られたり、根性焼きをされたり、関節を外されたり、骨折させられたこともあった。

父親は子供だけでなく、母親に対しても暴力を振るった。面前ＤＶは子供の脳の発達を阻害し、神経経路の形成に影響を与え、免疫システムを損なわせ、学習能力に大きな打撃を与えるといわれている。藤本も例に漏れず、学業不振で、高校には進学したものの、２年で中退してしまった。

そんなときに出会ったのが江利佳さんだった。藤本は17歳のとき、素行不良から中等少年院に入った。それでも江利佳さんは藤本を見捨てなかった。

「あなたが邪魔だなんてとんでもない。そばにいてくれるだけで私、嬉しいよ。何もしてくれなくても、ここにいて、しゃべってくれるだけで嬉しいよ」

江利佳さんは母親以外で初めて自分を認めてくれた存在だった。やがて「江利佳の笑顔を見るためなら、自分はどうなってもいい」という忘我のような愛情感覚を持つようになった。

江利佳さんも親に虐待された経験があり、お互いの存在が欠かせない共依存のような関係になっていった。

事実、藤本の愛情のかけ方は極端なものがあり、江利佳さんに好きな男ができると、それに嫉妬するどころか、悩みを聞いてやったり、デートプランを考えてやったりした。その男とのセックスの一部始終を聞いて、アドバイスしたこともあった。それこそが自分にできる親密さの愛情表現であり、どんな壁でも乗り越えられるという〝試練〟を自分に課しているようなところがあった。

藤本は江利佳さんの中に母親を見ていた。母親を暴力から救えなかったという悔いが、極端な守護的役割として再現された。母親と似た人をわざわざ選び、その人が抱える問題を解決しようとする。もちろん、藤本はそんな自分の心のメカニズムには気付いていない。

江利佳さんから「今日はしんどいから、会社を休んで」と言われれば、それを優先した。江利佳さんが交際相手とトラブルになり、別れ話に発展したときは、相手をボコボコに殴った。


そんな江利佳さんが遺書を書き、「もう生きていたくない。死にたい」と言い出したので、その願いを叶えるために殺したというのが、藤本の言い分だった。

「オレも江利佳も普通の社会から弾き飛ばされた人間やった。分かってもらえなくてもしょうがないと思うけど、江利佳の願いを叶えるのがオレの役目。それがオレの位置付けだし、オレが生まれてきた意味だ」

藤本は「後悔はしていないのか？」という問いに対し、「まだ自分の中では答えは出ていない。江利佳がしんどがっていて、これ以上は受け止められへんのやなというのは分かった。もし、自分が間違っていたのなら、江利佳に申し訳ないと思う」などと述べた。

もちろん、そうなったからには藤本も生きているつもりはない。最愛の女性がいなくなったこの世に未練もない。でも、死にきれなかった。だから、江利佳さんの遺体を手放すことなど「考えもしなかった」と言うのだ。

それから5年後、藤本は美幸と結婚した。美幸もまた、藤本を無条件で愛してくれた1人だった。藤本の世界観としては「オレにはおかん、江利佳、美幸しかいない。おかんも江利佳も美幸も好きだから動いてるだけ。3人が泣いている顔は見たくない。守りたい人が泣いているのがイヤだから動く。3人の笑顔が見たい。ただ、それだけだ」というのが行動基準なのだ。

検察側は公判で「江利佳さんは今後も生活していくことが前提の行動を取っていて、仮に殺人の依頼があったとしても、本心ではなかった」として、藤本に懲役15年を求刑した。

だが、裁判所は「被告はこれまで被害者から『死にたい』と言われたことはないと証言しており、目の前で遺書を作成するなど、『殺してほしい』と言われたのを本心だと誤信した可能性がある」として嘱託殺人罪を適用し、懲役5年6カ月を言い渡した。

社会病理学の専門用語では、矛盾する2つの命令を出すことで、精神的なストレスがかかることを「ダブルバインド」という。

藤本の場合、江利佳さんに「死にたい」と言われ、「何とかしてあげたい」という気持ちと「楽にしてあげたい」という気持ちが同時に発生し、「楽にさせてあげることが自分にできることだ」という倒錯した愛情表現が優先して持ち上がった結果、今回の事件につながったらしい。

まさに2人にしか分からない世界だが、社会を震撼させた怪事件は、こうして幕を閉じた。

男と女の性犯罪実録調書

# レイプ魔が〝獲物〟を釣るために作った怪しいモデル事務所

大阪発
『週刊実話』2013年8月8日号

片山茂夫（56）は若い頃にレイプを繰り返して服役した過去があった。それが原因で妻とも離婚。夢も希望もなくなり、「どうせなら、若い女に囲まれて一生過ごしたい」と思い立ち、名ばかりのモデル事務所を立ち上げることにした。

だが、どこからも仕事を取ってくることができず、スカウトした中3少女をホテルに連れ込み、わいせつ行為に及んで逮捕され、その夢も潰えることになった。

その後、わずかに残っていた業界人脈を使って、奇跡的に知り合ったのが青木美奈代（24）だった。彼女はミス・インターナショナル日本大会11位の実績を持つ現役モデルで、B88・W62・H87という抜群のプロポーション。だが、そんな美奈代でさえ、モデル一本では食っていけない厳しい現実があった。そのため、彼女は副業でダンススクールを営んでいた。しかし、そこでもうまく生徒を集められないという悩みを抱えていた。そこに片山は目を付けた。

「それならオレがモデルの卵たちを集めよう。ウチの所属モデルになってもらって、あなたのダンススクールでレッスンを受けるということにすればいい」

こうして元レイプ魔と現役モデルの需要と供給が合致した。美奈代は片山に頼まれて、新しい事務所の表向きの代表者になった。片山はプロデューサーを名乗り、「ウチにはミス・インターナショナル日本大会11位の現役モデルが所属している」という謳い文句を切り札として使い、美奈代と2人がかりでスカウトした女性を口説き落とすスタイルを確立した。

所属モデルの1人だった南崎由香さん(18)は「ミス・インターナショナルに興味はないか?」と片山に声をかけられ、言葉巧みに喫茶店に連れていかれた。まもなく美奈代もやってきて、「トップモデルなら時給10万円なんてザラ。そのためにはレッスンが必要」などと話し、由香さんを口説き落とした。

「写真も撮りたいし、小顔にするためのリンパマッサージもするから、今度事務所に来てくれないか?」

後日、由香さんが事務所に行ったところ、片山1人に対応された。写真を撮る際、「服を着ていたら体のラインが分からない」などと言われ、バスタオル一枚だけの姿にさせられた。片山は舌なめずりして近づき、むんずと胸を揉んだ。

「何をするんですかッ」

「バカ野郎、モデルの仕事はまず、体の内部からきれいにしていくんや。オレに逆らったら、仕事がなくなるぞ!」

さらに胸を揉みまくり、乳首を舐め、「声を確かめてもいいか?」などと言いながら、秘部に指を突き入れると、中を掻き回した。

「ああーん、ンンーッ」

「そうや、その声や。脳からエロになれば、女はきれいになるんだ！」

こんなセクハラ行為を繰り返していたため、すでにネットでは片山の事務所の胡散臭さが話題になっていた。

〈友達の紹介で入ったけど、オッサンが下着の中とかベタベタ触ってくる…。業界では当たり前とか言われたけど、これって普通？〉

女子大生の神戸志保さん（22）も繁華街の路上で声をかけられた。

「ガールズコレクションやミス・インターナショナルに興味はないですか？」

バイト先に行く途中だった志保さんは携帯番号を教え、その場から離れた。すると、片山から毎日電話がかかってくるようになり、「キミなら一流になれる」と持ち上げられ、再び喫茶店で会うことになった。そこには美奈代も来ていた。

「芸能界には噂されるような枕営業はない。そのことは心配しなくていい」

その言葉を引き継いで、美奈代もこう説明した。

「オーディションに出て、仕事が取れるようになると、けっこうお金が入ってくる。仕事を通じてアパレル関係者とも知り合いになれるし、ブランド品が定価の2割程度で買えたりするから、おいしいこともたくさんあるのよ」

　肝心なギャラの説明についても具体的だった。

「私の場合だと1日拘束で10万円ぐらい。でも、某CMは時給15万円だったたし、カタログや通販のチラシもバカにできない。あとは数こなしてナンボ。安定すると1日5万円ぐらいのギャラになる。トップクラスになれば、年収億も夢ではないわよ」

　そのためにはダンススクールでポージングやウォーキングのレッスンを受ける必要があり、年会費7万円と月1万円のレッスン代がかかると説明された。

「やる気になったら、もうちょっと詳しい説明をするから、事務所へ来てよ」

「やる気はあるんですが、仕送りなしで大学へ行っているくらいなので、レッスン代が払えないんです」

「そういうことなら、事務所で電話番をしないか。日当1万円払う。いや、これは特別。それだけキミに素質を感じているからだ」

　事件当日、志保さんは片山の事務所を訪れた。片山は「待っていたよ」と言いながら、志保さんの腰に手を回し、ショートパンツのジッパーを下ろそうとした。ギョッとする志保さんに対し、「プロポーションを見るためだから」などと言って、下着姿になるように命じた。

「ブラジャーも取ってよ」

「えっ？」

「これはキミのためだ！」

志保さんは戸惑いながらも言うことを聞いた。志保さんが服を脱ぐと、片山はその乳房にむしゃぶりつき、「やめてください…」という彼女の言葉を無視して、舐め続けた。

「脳からエロくなれば、女はきれいになる。これはそのための特訓なんだ！」

さらに片山は調子に乗ってズボンを脱いで、口腔性交するように命じたが、志保さんに「何でそんなことが必要なんですか？」と拒絶されて諦めた。

腹立ち気味だった片山は彼女を椅子に座らせ、M字開脚させると、彼女の股間に顔を埋め、「オレの顔を見ろ。舐められているところを見ろ」などと言いながら、電マを取り出した。

「イヤ、イヤッ！」

「そんなに嫌がるなら縛るしかないな」

片山は彼女の両手両足を縛り、巨大な電マを彼女の股間に押し当てた。

「ああーん、アアーッ！」

付けた。

あらためて彼女をマットの上に寝かせると、彼女の太腿を割って陰部にペニスを押し付けた。

「えへへへ…」

「イヤッ、私、彼氏がいますから…」

「そんなの関係ない！」

「アッ、ダメぇ…。せめてコンドームを着けてください」

「そんなものはない！」

腰を引きながら拒絶の態度を示す彼女に、片山はペニスをズブリと突き立てていった。そして、完全に埋没させると、抜き差しを繰り返し、腹の上にスペルマをぶちまけた。

なおも片山の凌辱は続き、「リンパマッサージをしてやる」と言って浴室に連れていき、ローションを塗られて全身を触られまくった。そして、志保さんは1万円を渡されて解放された。

志保さんはその出来事を彼氏に話した。翌日、直ちに警察へ。片山は志保さんを強姦した容疑で逮捕されたものの、「服を脱げと言ったが、無理やりではない。性交はしたが、合意の上だった」と容疑を否認した。

一時は美奈代も共犯者と疑われ、警察の取り調べを受けたが、「一切知らなかった」

と訴え、片山とも対立。事務所も閉鎖した。

その後、片山の携帯電話から被害者が割り出され、南崎由香さんに対する強制わいせつ容疑でも再逮捕された。これは稀有な事例なのだろうか。夢を売り物にする詐欺商法は何度でも繰り返されるので要注意だ。

男と女の性犯罪実録調書

# 極悪レイプ集団が考え出した怪しいAV詐欺の手口

大阪発
『週刊実話』2016年2月11日号

大村卓（23）は1年前にこっぴどい詐欺に遭った。「AV男優募集」というネットの告知を見て応募したところ、撮影当日に「台本通りに演技できなければ損害賠償する」との契約書にサインさせられたのだ。

その内容は「生挿入で女優と騎乗位のみで1時間射精禁止」というもので、途中でガマンできずに射精してしまったところ、「これじゃ撮影が続けられないだろう。今日のスタッフの給料を補償してくれ」などと迫られた。

大村は渋ったが、「上に報告することになる」と暗にバックの組織の存在をほのめかされ、やむなく30万円を支払った。

帰路に就くと、大村は「詐欺だ！」と怒り狂い、中学時代の悪友2人に話した。

「それは逆に面白いじゃねえか。お前が引っかかったぐらいだから、また騙される奴はいるだろう。どうせなら完璧な絵を描こうぜ。10倍ぐらい取り返せばいい」

大村はこの若さで3度も逮捕歴がある詐欺師だった。高校中退後、塗装工として働いていたが、起業家に転身。しかしその内容は「フランチャイズで会社の名前を貸すから加盟料150万円を払え」というものや、「ブラックのあなたをホワイトにします」などと言って融資を受けさせ、その融資額の50％を受け取るという詐欺的なものだった。

すでにネット掲示板では『詐欺師大村卓の被害者の会』というスレッドが立っており、

被害者たちの怒りの声が渦巻いていたにもかかわらず、大村はツイッターで成功した経営コンサルタントを名乗り、〈タワマン住〉〈レクサス、ベンツ2台所有〉〈K24、ヴィトン、ダイヤモンド大好き人間〉などとつぶやき、札束でパンパンになった財布の写真をアップしたりしていた。

〈こんなところで僻みや妬みしか言えへんような奴に何言っても無駄か。まぁ、人が頑張ってる事実を認めようとしない君達は残念です。あとは適当に叩いといて。なんでもいいわ。君達とは住む世界が違うから〉

そんな男が新たに始めたのがAV詐欺である。中学時代の友人らと組んで、カメラマン役には〝本業〟で雇っている従業員の宇野隆志（30）と山口大樹（21）を付け、女優役は風俗嬢のマミ（28）に引き受けてもらった。

「よし、『AV男優募集』のアプリを立ち上げて、カモを引っ掛けるぞ。台本はオレが書く。それぞれ役割分担通りに動いて、相手から金を巻き上げるんだ」

不幸にもその被害に遭ってしまった1人が会社員の角岡正志（24）だった。角岡は携帯サイトを見て応募し、指定されたホテルに向かった。すると、そこには5人の男と1人の女がいた。

「今日はよろしくお願いします。まず、契約書にサインしてもらえますか？」

「分かりました」

契約書には「早期射精し、演技不足になれば、違約金を払う」という怪しげな一文があった。だが、現場はカチンコを持った助監督やレフ板を持ったスタッフもいる本格的なものだったため、角岡はすっかり本物のＡＶの撮影現場であると信じてしまった。

「じゃ、さっそく本番いくから。キスから入って、正常位、バック、騎乗位と長回しで撮るからね。よーい、カチッ」

角岡はさっそく女優役のマミと絡みに入った。マミが舌先で愛撫を始めると、角岡は甘い快感にわななないた。マミは「日当15万円出すから、何が何でも早急に射精させろ」という密命を受けていたのだ。

ドクドクと脈打つ生肉にしっとり濡れた舌が這い回る心地よさ。マミは男の性感を熟知していて、痒いところに手が届くようなテクニシャンだった。角岡は15分しかもたなかった。

「バカ野郎ー、何やってんだ！」

助監督に扮した大村が怒号を浴びせる。

「お前、契約書見てなかったのか。これじゃ尺が全然取れねえじゃねえかよ！」

さらに助手などに扮した男たちが角岡を取り囲む。

「ちょっと待ってくれ…。こっちは今日初めて仕事をする素人だ。アンタたちの口調はまるでプロを求めてるような言い方じゃないか。そのことはアンタたちも分かっていたんだろう」

「何だと、コラ。てめぇ、うちのケツ持ちがどこか知ってるのか！」

そこへ監督役の男が「まァまァ」と割って入る。これも台本通りである。

「あなたの言い分ももっともだ。だけど、こちらも仕事でしている。これ以上撮影できないなら、上の人間に報告しなければならない。こういうトラブルを避けるためにも書面で契約している。あなたが今日のスタッフの日当を補償してくれるなら何も問題はないが、拒否するなら、上の人間が動くことになりますよ」

こうして角岡はサラ金のATMコーナーに連れていかれ、50万円を支払わされた。

こんな犯行を全国で80件ほど繰り返し、そのうちの半分は成功して、1000万円ほど売り上げていた。

大村は部下の宇野や山口を連れてキャバクラなどで豪遊し、その帰り道に女性を拉致してレイプするという〝遊び〟を始めた。

被害者の1人である田中理香さん（27）は仕事から帰宅途中、いきなりワンボックスカーから出てきた2人組の男たちに車内に押し込められて拉致された。

「キャーッ！」

「黙れ、静かにしろ。山に捨てられるか、海に捨てられるか、どっちがいい？」

大村は理香さんの右側に座り、左手で理香さんの首を絞め、「今から服脱いでパンティー1枚になれ。お前がいくらになるか上に聞くからな」などと脅し、「この女なら400万円でいけるなぁ」と言いながら、スマホでバシャバシャと写真を撮った。

「私を外国へ売り飛ばす気ですか？」

「そうじゃねえ。AV女優として使えるかどうかテストをするだけだ」

運転手の宇野は大村に命じられて車を山の中へ。

「よし、ここでヤルからな。大人しくしろ」

3人の男たちは次々と襲いかかって輪姦した。

「まだヤリ足りねえな。仲間を呼んでやろうか」

「いやですっ、お金なら差し上げますから、もう許してください…」

「本当だな？」

大村たちは理香さんからキャッシュカードを奪い、暗証番号を聞き出し、近くのコンビニのATMで約65万円を引き出した。さらに理香さんの自宅マンションに押し入り、ブランド物のバッグなど8点を奪った。その隙に理香さんは逃げ出し、警察に駆け込んだ。

それから3日後、大村と宇野と山口はわいせつ目的略取や強盗容疑などで警察に逮捕された。理香さんに対する容疑ではない。同じ手口で別のスナックホステス（45）を襲ったというものだった。

3人に奪った金の使い道などを追及するうち、不自然な金の流れが判明。それが全国で相次いでいたAV詐欺の戦利金であることが発覚し、女優役のマミや共犯の男たちも逮捕された。

事件が報道されると、新たに詐欺事件の被害者たちが次々と名乗り出てきて、収拾がつかなくなった。

だが、大村はこれだけ多額の金を騙し取っていたのに、金は手元にほとんど残っておらず、被害金の回収は絶望に近かった。

ネットが窓口になった詐欺や犯罪につながる勧誘は枚挙にいとまがない。「おいしい話には裏があるのは当たり前」だと肝に銘じておくべきだろう。

男と女の性犯罪実録調書

# 「白馬の王子様」のために1億5000万円を横領した夢見ちゃん

愛知発
『週刊実話』2008年6月19日号

高校卒業後、運送会社の経理で働いていた和田美幸（30）は、いまどき珍しい地味な女だった。黒髪のストレートで、度の強いメガネをかけ、化粧もほとんどしない。「ガリちゃん」と呼ばれ、男の噂が立ったこともなかった。

県営住宅で母親と2人暮らし。10年ほど前に父親を亡くし、兄は結婚して家を出ていた。職場と自宅を往復するだけの毎日。「仕事熱心で真面目」というのが、彼女の共通した人物評だった。

だが、美幸も年頃の娘。「このままだと一生独りかも…」という漠然とした不安を抱えていた。人知れず出会い系サイトなどにアクセスし、24歳のとき、美幸は『ペット珍道中』という携帯電話のゲームサイトを通じて、広瀬明彦（32）という男と知り合った。

このゲームは、ネット上に作り出した自分のペットに旅をさせて、全国のユーザーと知り合い、メールの交換などをするというものだ。

広瀬は〈大阪で音楽関係の仕事をしている〉と自己紹介した。興味を持った美幸はプライベートなこともあれこれと質問。広瀬から返ってきたメールには、刺激的な言葉があふれていた。

〈ミュージシャンの○○とは長い付き合いだよ〉

〈今度、野外コンサートで音響を担当するんだ〉

〈大阪には事務所があって、自宅は京都にある〉

〈同志社大学時代はラグビー部に所属していた〉

〈オヤジは会社社長。いずれは継ぐつもりだ〉

美幸は広瀬に〈写メを送ってほしい〉とおねだり。送られてきた写真もジャニーズ系のイケメンで、美幸は完璧にハートを射抜かれた。

〈美幸さんのこともいろいろ知りたいな〉

広瀬の求めに応じて、美幸が携帯のメールアドレスと番号を教えると、広瀬は毎日欠かさず連絡してきた。メールは1日20通ほど、電話でも2～3時間は話し、「キミのような優しい女性と結婚したい」とまで口にした。天にも昇るような気持ちだったが、美幸は自分の価値を上げるため、さんざんジラしてから交際をOKした。

「毎日キミのことばかり考えているんだ」

「どんなに忙しくても、キミと話す時間だけは譲れないよ」

「キミと結婚すれば、ボクの人生は完成する」

歯の浮くようなセリフを並べ立てられ、「私にできることがあったら、何でも言ってね」と言うまでになった美幸が、広瀬に金の無心をされたのは3カ月後のことだった。

「車を修理しなければならないんだけど、2万円足りないんだ。必ず返すから、お金を貸してもらえないか?」

「分かったわ」

美幸が即日送金すると、数日後には広瀬から2万円が返金されてきた。「やっぱり誠実な人なんだ」と思った美幸は、ますます広瀬を信用するようになった。


その後も広瀬は事あるごとに美幸に金を無心してきた。

「ケガをしてしまって…。手持ちの金がないから困ってるんだ」

「母親が子宮ガンで入院した。入院費用が足りないんだ」

「祖母を老人ホームに入所させる費用が足りなくて困っているんだ」

美幸はその都度、貯金を取り崩して送金していたが、広瀬の無心はひっきりなしで、やがてそれだけでは追いつかなくなり、消費者金融からも借金した。それでも足りず、ついに職場で自分が管理する会社の手提げ金庫内にある金にも手を付けた。

「これは会社のお金なの。絶対返してね」

「分かった。必ず返す。だから、会社にはバレないようにしてね」

だが、広瀬は手綱を緩める気など毛頭なかった。「会社の金に限界はない」と考え、「祖父が病気になった」「引っ越し費用を貸してほしい」「東京で活動拠点を作る」「会社設立費用が必要になった」などと言っては、美幸から数十万円単位で金を受け取っていた。

やがて美幸は会社名義の銀行口座からも金を引き出すようになり、仮伝票で架空計上の書類を作っては、出入金の帳尻を合わせてごまかしていた。

「私たち、付き合っているんだよね？」

「当たり前だろ。会ったらすぐバレるようなウソをつくわけがないでしょう」

「私がやってることは犯罪だよ。それは分かってるの？」

「いや、きちんと返せば、犯罪じゃないでしょう。そのためにもバレたらヤバイんだ。2人で協力して、何とか発覚しないようにしよう」

美幸は自分を守るためにも、広瀬との交際は断ち切ることができなくなった。彼を失いたくない。嫌われたくない。断ったら捨てられるかも。そうなれば今までの金も無駄になる。大丈夫、いつかきっと白馬に乗って私を迎えに来てくれる――。そんなことを本気で考えていたという。

美幸は毎日朝一番で出勤し、同僚らがすべて帰る午後10時過ぎまで会社に残って、犯行の発覚を防いでいた。だが、広瀬には「会いたい」と言っても、はぐらかされて会えないままだった。ただし、メールや電話の回数だけはずっと不変だった。それを美幸は

〝愛情のバロメーター〟と考えていた。

だが現実の広瀬は、美幸に話したことの1％にも満たないほどの、ウソで塗り固められた男だった。

高校中退後、飲食店従業員などの職を転々。何をやっても長続きせず、22歳以降は定職にも就かず、友人の家などに転がり込んでその日暮らしをしていた。

美幸と知り合ってからは高級ホテルを渡り歩き、酒、ギャンブル、女で散財。美幸に「電話やメールをすること」だけが〝仕事〟というヒマ人だった。

美幸に送ったイケメン写真はファッション雑誌に載っていたモデルの複写だった。素顔の広瀬はヒゲ面のメタボ体型で、ジャニーズ系とはかけ離れたルックスだった。

それなのに口先一つで美幸に150回以上も送金させ、会社から引き出した金額は1億5300万円にものぼっていた。それを5年がかりですべて使い切っていたのである。

そして、ついに犯行が発覚する日がやってきた。株主総会を前に社内で内部調査したところ、不明瞭な会計処理が判明。美幸は社長に呼び出されて、問いただされた。

「これはどうなっているんだ！」

「実は…、親の医療費で困っている京都の恋人に送金しました。でも、彼は必ず返すと言っています」

「何だって？」

「彼は音楽プロデューサーの仕事をしていて、会社の御曹司なんです」

「そんなもん、騙されているに決まっているだろう！」

「違います。彼はそんな人ではありません！」

しかし、その恋人には「一度も会ったことがない」という美幸の言葉には、社長も耳を疑った。

社長は美幸を解雇すると共に、美幸と広瀬を相手取り、1億5300万円の返還を求める損害賠償請求訴訟を起こした。

その法廷で2人は初めて対面し、美幸は絶句。「騙されていたんだ…」と思い知った。

広瀬は「会社から盗んだ金とは知らなかった」と美幸に責任をなすりつけようとしたが、メールの文面が証拠となり、裁判所は2人に全額の返還を命じる判決を下した。

さらに2人は、窃盗容疑で逮捕された。公判が始まると、美幸は起訴事実を全面的に認めたのに対し、広瀬は「美幸さんには悪いことをしたと思いますが、一緒に金を盗んだわけではありません」とまたも無罪を主張した。

ところが、広瀬は第2回公判で、突然方向転換し、起訴事実を全面的に認めて、涙ながらにこう語ったのだ。

「初公判では『共謀はしていない』と言いましたが、悪いことをしていると知っていてやらせました。無罪を主張して逃げるつもりはない。美幸さんには本当に申し訳ないと思っています。月にいくらかでも返済していきたいと思っています」

運命のいたずらなのか、これが広瀬の〝遺言〟になった。その1カ月後、広瀬は留置場で意識不明の重体となり、搬送先の病院で死亡した。司法解剖の結果、病死と断定された。サラリーマンの生涯賃金分を5年で使い果たした男は、その運気も途切れたのだろうか。

結局、窃盗の責任は美幸1人にのしかかってくることになった。美幸は巧妙な手口で騙されたことを訴えたものの、「これだけ大きな犯罪をしてもいいという理由にはならない」と退けられ、懲役3年の実刑判決を言い渡された。

美幸は法廷で体を震わせて泣き続けたが、彼女の世間知らずぶりが事件を招いたことも否定できないだろう。ネットにペテン師がウヨウヨいることぐらい、30代までに知っておかなければならない。

男と女の性犯罪実録調書

# 介護ヘルパーの体を触りまくるわいせつ老人はどう成敗すべきか

愛知発

『週刊実話』2019年7月11日号

山下静郷（61）は46歳のとき、女性を殴ってわいせつ行為を働くという事件を起こし、これが原因となって妻と離婚した。

続けて、49歳のときにはバイク事故を起こし、下半身麻痺の後遺症が残った。

地域障害者職業センターで仕事を探したが、うまく見つからず、この10年ほどは引きこもり同然で生活保護を受けていた。

ただ、山下は身体障害者3級の手帳を交付されていたので、身の回りの世話をする訪問介護員（ホームヘルパー）のサービスを受けることができた。

最初のうちは「ありがとう。ご苦労様」という感謝の気持ちを持っていたが、若い女の子があまりにも甲斐甲斐しく世話をしてくれるので、「アンタ、かわいいなぁ」「オッパイ大きいなぁ」「アンタはどんなセックスしてるんだ？」といったセクハラ発言をするようになった。

文句を言われると、「大人ってのはなぁ、たとえ意に沿わないことでも、飲み込んで従わなければならないことがあるんだよ」などと言って、自分の行為を正当化していた。

山下のセクハラはますますひどくなり、「ええ胸しとるなァ」「抱かせろよ」「ＡＶを一緒に見よう」「オレにキスしろ」「早くベッドに来いよ」といった発言を繰り返すようになり、8年ほど前からは具体的なわいせつ行為に及ぶようになった。

背後から乳房を揉みしだく、下着をずり下げて陰部に指を入れる、ブラジャーごと服をまくり上げて乳首を舐めるといった具合だ。

山下にとって、社会との接点がヘルパーだけなのだから、仕方ないのかもしれない。ヘルパーが来てくれることだけが唯一の楽しみで、年配のヘルパーよりは経験の浅い若いヘルパーの方が文句も言わないし、触りやすいということも経験上で学んだ。

だが、ヘルパー側はたまったものではない。事業所が噂を聞いて、男性ヘルパーを派遣すると、借りてきた猫のように大人しくなった。か弱い女性ヘルパーに対しては居丈高になって凄むくせに、自分より強そうな相手には恐怖で委縮してしまう情けない男なのだ。

それでも山下は8年間、3カ所の事業所から契約を打ち切られることなく、ヘルパーを派遣してもらっていた。それは仕事を失いたくないヘルパーたちのガマンの歴史ともいえた。

問題の事件の被害者となる堀江美樹さん（21）は3カ月前に入ったばかりの新人で、事件の1カ月前から山下の担当になった。

山下はその初々しさから、すぐに目を留め、セクハラ行為を繰り返すようになった。

美樹さんとしては、資格を取って、希望を持って入ってきた業界で、まさかこんな目に遭うとは夢にも思っていなかった。

「体が不自由な人たちの辛い心の現れだから、多少のことはガマンしよう」

「自分の方にも隙があったのかもしれない」

そんなふうに自分に言い聞かせた。下手に逆恨みされても困るし、セクハラ被害を事業所に相談するのも恥ずかしい気がしたからだ。

だが、山下は美樹さんが従順であることが分かると、ますます調子に乗るようになった。

美樹さんが浴槽を洗っていると、後ろから抱き付いて胸を揉み、足を持ち上げながら股間をなぞるように触り、「気持ちいい？」などと耳元でささやく。ダメージジーンズの破れ目から手を入れられて、太腿を触られたこともあった。

「もうイヤ…、皆さんはどうしてるんですか？」

美樹さんは思い余って、先輩である永井智子さん（38）に尋ねた。

「それは毅然とした態度で断らなければダメよ。笑って『ダメですよ』なんて言ったら、喜んでいるのと勘違いされる。事業所は従業員のセクハラ対策を講じる義務があるし、あまりにもひどい場合はサービスを打ち切る権限まで持ってるんだから」

智子さんのアドバイスは、ガマンしていると暗黙の了解ととらえられ、行為がエスカレートすることもあるので、問題をつまびらかにするべきだというものだった。

だが、先輩に相談したのも束の間、美樹さんはついに刑事事件に発展するほどのセクハラ行為を受けてしまうのである。

事件の日、美樹さんが山下の家を訪問すると、山下は待ってましたとばかりに背後から抱き付き、着衣の上から胸を揉んできた。

「マジでやめて…、もう離れて…」

「相変わらず、ええ胸しとるのぅ」

手で払いのけても、山下は執拗に胸を揉んでくる。さらに股間にも手を伸ばした。美樹さんは山下から逃れようと、「買い物に行ってきます」と外に出た。

美樹さんはこの間に山下が冷静になることを祈ったが、戻ってきたらまた待ち構えていて、腰に手を回し、胸の上に顔を埋めるような体勢になって、服の上から胸を噛んだ。これが山下独特の性癖だった。女性の体の一部を噛むと、異常に興奮するのである。

「もうガマンできん。セックスさせてくれ！」

山下はズボンを脱いで、イチモツを取り出して迫ってきた。

「キャーッ！」

美樹さんは外に逃げ出し、智子さんに電話した。

「もうイヤです。あの家には行けません！」

その2日後、智子さんが代理で山下の家を訪問し、「担当の堀江から話は聞いている。泣いて電話があった。山下さんの行為は行き過ぎじゃないですか？」とはっきり口頭で注意すると、山下は激怒し、「お前にそんな資格があるのか。お前は分かって言っとんのか。お前はもう帰れ。責任者を呼んでこい。お前は頭がおかしい。オレの言っとることが分かっているのか。謝れ！」と怒鳴りつけ、智子さんの髪をつかんで後ろに引き倒し、首にケガを負わせる暴行を働いた。

智子さんは山下の家で起きたことを事業所に報告した。事業主は警察に通報した。美樹さんと智子さんは、すぐに被害届を出すのをためらっていたが、「泣き寝入りしたらだめだ。声を上げることで現場が改善されていく」と説得され、刑事告訴することにした。

山下は強制わいせつと傷害容疑で逮捕された。傷害容疑については認めたものの、強制わいせつ容疑については「合意の上だった」と否認した。しかし、保釈が認められず、別件で再逮捕されることになるとしょげ返り、反省の弁を口にした。

「若くてかわいい女の子が自分の世話をしてくれて、触りたいという気持ちが抑えられなくなってしまった。注意されて腹が立ち、自分のやったことを棚に上げ、何とかごまかしたいという気持ちから暴行を働いてしまった。ヘルパーさんがそういうつもりで来ているわけではないことは分かっています。自分の中に甘えや思い上がりがありました。でも、また2人きりになると、同じことをしてしまう可能性があります。今後は男性のヘルパーさんに来てもらい、自分でできることは、なるだけ自分でしたいと思います」

訪問介護員は9割以上が女性で、そのうちの半数近くがセクハラを受けたことがあると答えている。被介護者への対応については、専門家同士でも意見が分かれ、『奥さんや娘さん（息子さん）に言いますよ』と毅然と対応すべき」という声もあれば、「利用者との信頼関係の構築が大事。プライドを傷つけず、笑顔の対応を忘れないようにしましょう」という意見もあって、現場の混乱を招いている。

厚労省は「セクハラ対策を打ち出すのは事業主の義務」としており、その指針を細かく提示しているが、介護現場におけるセクハラ問題は〝現代社会の急所〟というべきもので、対策は十分ではない。

ちなみに山下は懲役2年執行猶予4年の有罪判決を言い渡されて釈放された。

今後、裁判員裁判の対象となるような老人の凶悪なわいせつ事件が起きてもおかしくないだろう。

男と女の性犯罪実録調書

# 百戦錬磨の風俗嬢に籠絡されて獄中SEXした警部補の不覚

大阪発
『週刊実話』2011年2月24日号

河上芳雄（49）は高校卒業後、警察官として採用され、実直に勤務していた。

30歳のとき、結婚。長男、長女、次男と3人の子供に恵まれたが、長男と次男は筋ジストロフィーを患い、共に障害者手帳を交付されていた。

それに加え、父親が重い心臓病で倒れ、別宅に住む母親が介護していた。年金は2カ月で5万4千円しか支給されず、河上は月2万円ずつ援助していた。

一家の大黒柱として、背負うものが山ほどあった河上は、ひたすら真面目に働くしかなかったのである。

河上は37歳から4年間、警察署の留置係に配属された。そこはマニュアル通りに対応できる世界ではなく、当意即妙な勘が問われる仕事だった。馴れ合いはもちろんダメだが、突き放し過ぎてもダメ。中には留置担当官に媚を売ろうと胸をはだけて誘ってくる女や、これ見よがしに独房で自慰行為にふける女もいた。

その後、別の部署の勤務を経て、47歳のとき、再び留置係に配属された。河上は警部補に昇進しており、他の留置担当官を指導する立場になっていた。

「警察官を取り込もうとするややこしい相手も多い。特に女性収監者との関係は注意するように」

河上は日頃から、こんな注意を呼びかけていたにもかかわらず、自分自身が籠絡されてしまったのである。

河上が留置場の責任者になって間もない頃、覚醒剤取締法違反容疑で逮捕された真城香苗(38)が収監されてきた。香苗は風俗店で働くマッサージ嬢だった。

香苗には毎日のように面会に来る彼氏がいたが、その彼氏以外にも差し入れを持ってくる別の男がいた。

ある日、彼氏はその事実を知ってしまい、香苗に対して「お前、誰と浮気しているんだ!」と激しく手紙で誹謗中傷した。

香苗は誤解を解こうとしたものの、ますます関係がこじれ、彼氏は香苗にとって絶望的な内容の手紙を送ってこられるようになった。

香苗はショックから精神安定剤を服用するようになり、さらにボールペンを鼻の穴に突っ込むという自傷行為に及ぶようになった。

河上は香苗を慰めた。

「相手の邪推なんだから落ち着け。そのうち誤解も解けて、ちゃんとした手紙も来るようになるから」

河上は香苗の言動には特に注意を払うようになり、差し支えない程度で言葉を交わした。そのうち、香苗には河上の長女と同い年の娘がいることが分かり、「父親は郷里で警察官をしている」という話を聞いてさらに共感した。

河上は香苗に親近感を覚え、留置場の運動場などでこっそり抱擁するようになった。香苗は「先生（河上のこと）が好き」と言って抱き付いてくるようになり、河上もズルズルとそれに応じてしまっていた。

その後、香苗は河上が食事を留置場に運んでくるたびに、「ねェ〜ん、先生、キスして」と言って、差し入れ口越しに誘惑をしてくるようになった。

それがあまりにも何度も続くので、河上は誘いに応じるようになった。ネチョネチョと舌を絡め合い、河上は立場も忘れて、舞い上がってしまった。

「出所したら、一緒に食事にでも行こう。ラブホテルにも行こうか」

「いやぁん、先生、今シテよ。誰も見てないからさ」

「それはいかん」

その後も河上は香苗に誘惑され、留置場の運動場に出た際にヒップを腰の前に押し付けられたり、ズボン越しにイチモツを上下左右に刺激されるという露骨なモーションも受けた。

香苗が別の警察署の留置場に移送される前日、河上は香苗から「明日でおれへんようになるから、私の部屋に来てよ」と誘われた。

河上はこれまでの香苗との関係から、「秘密は守るだろう」と信頼し、深夜に自分1人の見回りになった際、香苗の部屋を訪れた。

「先生、来てくれたのね」

「シッ、早く脱ぐんだ」

河上は香苗の下半身だけを裸にし、素早く香苗と合体した。

「外に出すからな…」

河上は一心不乱に腰を振り、倒錯的な快感に酔いしれた。アッという間に絶頂を迎え、香苗の腹部に射精した。

「このことは絶対に他言しちゃダメだぞ。言ってもトボけるからな」

「分かったわ、先生」


翌日、香苗は何事もなかったかのように別の警察署へ移送されていった。その後、裁判を受けるために拘置所に収容されると、河上は励ましの手紙と現金を送った。

香苗は執行猶予付きの有罪判決を言い渡されて釈放され、その日のうちに河上に連絡を取り、ラブホテルでデートした。だが、これは香苗の遠大な策略でしかなかったことを後から河上は思い知ることになるのである。

「先生との熱い一夜のことは忘れられません」

釈放後、香苗はこれ見よがしに河上の実家にこんな手紙を送り付けてくるようになった。河上の母親はビックリ仰天し、河上の妻に電話をかけた。

「女の人からこんな手紙が来てるんだけど…、浮気してるんじゃないかね？」

「あの人に限って…、そんなはずありませんよ」

河上は妻から詰問され、「以前に留置場にいた女で…、いろいろ相談に乗ってほしいと言われているんだ」などと言ってごまかした。河上は香苗にこうした行為をやめるように注意したが、暖簾に腕押しだった。

それどころか、香苗は「警察の弱みを握った」と強気になり、いざとなったらこの一件を利用しようと企んでいたのである。

それから1年後、また香苗が覚醒剤取締法違反容疑で検挙され、河上が恐れていたことが現実のものとなった。「取り調べの警察官の対応が気に入らない」と言って、1年前に留置場で河上とセックスしたことを打ち明けたのだ。

「親切にしてもらったので冗談で誘ったら、ホントに入ってきた。それでヤッちゃったんだよ、私と」

驚いた警察署は警察本部の監察官室に連絡。河上から事情を聞いたが、「女性から誘われたこともないし、男女関係もない」と否認するので、その裏付けを取るために当時、香苗が収監されていた部屋の隣の房の女性から話を聞いたところ、「確かにその日、深夜に扉が開く音を聞きました。2人が抱き合っているところを見たこともあり、見ないフリをしていました」という証言を得た。

河上はこれらを追及されて言い逃れできなくなり、「魔が差してやってしまった」と認めた。特別公務員暴行陵虐容疑で逮捕され、起訴と同時に懲戒免職処分となり、退職金の不支給も決定した。

河上は公判で「警察組織全体に多大な迷惑をかけて申し訳ない」と謝罪した。

「自分が今回の件で留置されているとき、『警察官のくせに』と毎日のように同房者に言われた。それればかりか、『お前らもやってるじゃないか』と言って、そこの留置係の人の言うことを聞かない姿を見て、自分のやってしまったことの重大さを痛感させられた」

河上の妻は公判で涙を流しながらも、「離婚する気はない」と証言した。

「冗談も言って、優しい夫です。子供の面倒もよく見てくれるし、ご飯も作ってくれる。買い物にもついてきてくれて、荷物も気軽に持ってくれる。事件後も気持ちは変わりません」

河上の人柄を知る警察OBからは、警備業界への転職も誘われているというが、地雷のような女に関わったばかりに、警察人生を棒に振り、とてつもない代償を払う結果になってしまった。

裁判所は「留置場の看守《ママ》という立場にありながら、女性からの誘いに舞い上がった。看守《ママ》としての知識を悪用し、巡回の合間をぬって犯行に及んでおり、大胆極まりない」と断罪し、懲役3年執行猶予5年の有罪判決を言い渡した。判決後、裁判長は「同じ刑事司法に携わる身として悲しく、憤りさえ覚える。判決の意味を十分理解してほしい」と説諭した。

男と女の性犯罪実録調書

# ツイッターで女子高生になりすましてレイプを依頼したクズ男

京都発

『週刊実話』2020年9月3日号

奥田和成（26）は数年前までスポーツクラブのコーチをしていた。直接教えていたのは被害者となるミサさん（18）の弟だったが、弟がまだ携帯電話を持っていなかったため、同じスポーツクラブに通う姉のミサさんと連絡先を交換した。

ミサさんは中学時代から群を抜いてかわいく、奥田はコーチの立場なのに密かに思いを寄せていた。まもなく弟はスポーツクラブをやめたものの、ミサさんは女子チームに所属していたので、練習相手になったり、その延長で一緒に出かけるようになった。

奥田は「LINEを交換しよう」「休日にデートしよう」といった、明らかにコーチの範疇を超えていることまで要求するようになった。ミサさんはコーチしてもらった「恩」もあり、1～2回は付き合った。

だが、ミサさんが高校に入ると、めっきり交流が減った。奥田は1日に何度もLINEしたが、もはやコーチでもない奥田と付き合う理由は皆無だった。

ミサさんはだんだんそっけなくなり、交際を求めても、明確に拒絶された。高2になると、LINEしてもまったく返事が返ってこなくなった。

「どうしたらまた以前のような関係に戻れるんだろう。振り向いてもらいたい」

奥田は一計を案じた。以前にミサさんが何者かにツイッターのアカウントを開設され、勝手に写真を拡散されたことがあり、そのことについて相談を受けたのだ。

それと同じようにまた危機に陥れば、自分を頼ってくれるのではないか。

奥田はミサさんを名乗って、ツイッターに偽アカウントを作ることにした。ネットで拾った別人の乳房や陰部の写真と共に、スポーツクラブで練習中のミサさんの写真をアップし、〈私はエッチな女です〉と書き込んだ。

それを見て、〈LINEを交換しない？〉と書き込んできたのが野島利幸（35）だった。野島は妻子持ちのサラリーマン。奥田はカモが引っ掛かってきたとばかりに、連絡手段をカカオトークに切り替え、〈私をレイプしてください〉〈分からないように無理やり襲って〉〈プレイ中の写真とか動画も撮ってください〉〈SMが好きなんです〉などと返信し、野島をその気にさせた。

奥田はミサさんの自宅住所、学校名、アルバイト先も伝えた上、〈私は本気です。あなたを待っているので、近々襲ってください〉と誘いをかけた。

そして、野島は奥田からのメッセージを信じ込み、ついに凶行に及んだ。自転車で帰宅途中だったミサさんと並走し、腰に抱き付いて転倒させ、さらに腕をつかんでレイプしようとした。

だが、ミサさんは激しく抵抗し、大声を出したため、野島は慌てて逃走。「自分で襲ってほしいと言っておいて、どういうことなんだ」といぶかしがる野島に対し、奥田は

〈さっきはごめんなさい。抵抗した方が燃えるんです。また襲ってください〉などとメッセージを送った。

再び指定された通り、ミサさんの自宅がある市営住宅へ行き、階段を上がってきたミサさんの口をふさぎ、壁に押しつけて腹を蹴るなどの暴行を加え、レイプしようとしたが、またも悲鳴を上げられて逃げられた。

その後も奥田はミサさんになりすまし、〈本気で嫌がっているのも演技です〉〈今度は力ずくで犯してください〉などとけしかけ、野島は1週間後にもミサさんを襲ったが、やはり相手の抵抗にあって逃げられてしまった。

さすがに野島も「これはおかしい」と思い始めたのも束の間、〈今度は家に来て〉というメッセージが来たものだから、今度こそはと思い、指定された日時にミサさんの自宅のインターホンを鳴らし続けた。

怖くなったミサさんは父親に電話をし、慌てて帰宅した父親と野島は玄関前でバッタリ鉢合わせた。驚いた野島は父親を突き飛ばして逃走したが、父親は警察に被害届を提出。結局、車のナンバープレートから足がついた。

「何でお前はこんなアホなことをやったんだ？」

「だって、本人からレイプしてくれるように頼まれたんですよ」

「何だって？」

野島のスマホを確認すると、そこには実物のミサさんの写真が使われたツイッターのアカウントが存在したが、ミサさんに確認すると、当然のように「まったく身に覚えがない」という返事。

「これはなりすましがおるな…」

警察は通信会社に照会を重ねるなどして、1年がかりで奥田のスマホのIPアドレスまでたどり着いた。

奥田は強制性交等未遂教唆の疑いで逮捕された。ところが、取り調べを進めるうち、新たな事実が判明する。ここから先は家族も知らなかった第2幕が待っていたのだ。

事件発生当時、野島が逮捕されたことで連絡が一切取れなくなり、不安になった奥田は、相手の被害届の状況を探ろうと、ミサさんの自宅に合鍵を使って侵入した。この鍵はかつてスポーツクラブのコーチをしていたときに、ミサさんの弟が忘れていったものをネコババしたものだ。

奥田はミサさんの情報を得るために、たびたびミサさんの自宅に侵入していた。ミサさんに届いた会社からの内定通知を見て、ミサさんの高校卒業後の進路を知った。ミサさんを装って、ミサさんの友人たちに連絡を取り、さらに詳しい情報を収集した。だからこそ、野島に的確な情報を与えて、ミサさん本人だと信じ込ませることができたわけだ。

また、奥田は侵入するたびに、ミサさんや彼女の母親のパンティーを自分のイチモツに巻きつけ、激しく自慰行為をしていた。

ミサさんのパンティーを穿いて記念撮影していたこともあった。ミサさんの母親はブラジャーにヌルヌルしたものが付着しているのに気付いたこともあったが、まさかそれが精液だとは思わず、何も知らずに洗濯していた。

さらに奥田は母親のスケジュール帳2冊を盗み出し、その中に記載されていたグーグルアカウントのIDやパスワードを使って、家族の動向を把握していた。奥田の自宅から押収された2台のスマホからは、フェイスブックなどに計3つのアカウントでログインしていた形跡が見つかった。

奥田は住居侵入と窃盗、不正アクセス禁止法違反の疑いでも再逮捕された。

報道を見た奥田の上司が事実確認にやってきて、勤務先には辞表を書くことになった。ミサさんには慰謝料として350万円を支払うことを約束した。奥田は法廷に引きずり出され、厳しく詰問された。

「あなたは被害者に対する怒りや恨みから、ひどい目に遭わせてやろうと思い、こんなことをやったのではないですか？」

「それはありません」

「窃盗と不正アクセス禁止法の件も相当悪質だと分かっていますか？　他人が自宅に侵入し、自分の下着を使ってわいせつな行為をしていた。ストーカー的な犯行で、一般には到底受け入れられない発想ですよ」

「本当にご迷惑をかけたと思っています」

「あなたは被害者からもう一度相談に乗ってもらえるような頼りになる存在になりたかったんですよね。それがどうして他人にレイプを依頼することになるんですか？」

「それはその…」

「強制性交未遂事件の前にも『もう1度連絡を取りたいんだけど』というメッセージを送ってますよね。それで返事が来なかったんだから、あきらめればよかったんじゃないですか？」

「……」

「被害者の親御さんから見ても、高校生の娘が変な男に何度も襲われて、アカウントを乗っ取られ、自宅にも入られた。しかも、それは親しいと思っていたはずのあなたの仕業だった。相手はどんな気持ちになったと思いますか？」

「怖い思いをさせてしまったと思うし、本当に申し訳ない。自分が未熟で考え方が幼稚だったと思う」

まるでSNSの匿名性を利用したコントのような犯行だ。被害者がどれほどの恐怖を感じていたのか分かっているのか。

こんなクズのような男でも、裁判所は「示談が成立している。2度と接触しないと誓っている。前科前歴がない。反省の態度を示している」という理由で、懲役3年執行猶予5年という大甘な判決を言い渡した。世間の感覚とはズレているとしか言いようがない。

# 架空店舗のサイトで〝巻き求人〟S級風俗嬢生産のカラクリ

大阪発

『週刊実話』2018年8月9日号

白石哲也（45）は専門学校卒業後、飲食店員や風俗店員を経て、約20年がかりで一大風俗店グループを作り上げた男だった。

その間に風営法違反などで逮捕されること3度。そのたびに穴がないように工夫し、白石が行き着いた儲かる風俗店の極意とは、サービスを過激にするよりは超美人のみを採用し、エステとヘルスのはざまをいくようなソフトプレイを売りにする風俗だった。

それを白石は「高級エステ性感研究所」と呼んでいた。この趣向は当たって、どんどん店舗が拡大。となると、風俗嬢の大量採用は必須で、「他店と同じことをやっていたら、いい女は集まらない。架空サイトを作って、女を集めよう」という結論に至った。

白石はそのために、求人のウェブサイト専門の子会社を作った。そこの代表取締役には古参社員の斎藤健太郎（36）が就任した。さらにそれを見て応募してきた女性に風俗店を勧める人材派遣会社を作り、同様に古参社員の出川慶太（35）が代表取締役に就任した。

そこから派遣されてくる女性に手ほどきをし、講習した上で働かせるのは各店長の手腕だ。のちに重要な役割を持つ元店長の一人が河合直樹（36）だった。彼らはボーイから始まり、マネージャー、店長、部長、本部長、系列会社社長へと昇格していく。

なぜ、このような法人の細分化をしなければならなかったかというと、系列他店で何かトラブルがあった場合、同一組織とみなされると、一斉に営業停止を食らってしまうからだ。それを避けるために各店舗も一軒ずつ法人化されていた。

これだけの下準備をした上で白石らがやっていたのは、ありもしない架空店舗の求人サイトを作り、それを見て応募してきた女性に対し、「もっと稼げるおいしい仕事がある」などと言って、系列傘下の風俗店を勧めるというものだった。

そこで功を奏してくるのが、白石のグループが標榜していた「高級エステ性感研究所」という謳い文句だ。女の子は風俗嬢ではなく、セラピスト。本来は風俗店の面接に来たわけでもないのに、うまく説得して系列傘下の風俗店で働かせることを、彼らは〝巻き求人〟と呼んでいた。オプションとして性的なサービスもあるが、キスなら1000円、トップレスなら2000円という具合で、それはそっくりそのまま女の子の取り分になると説明していた。

「ボディケアに関しては、セラピスト全員が柔道整復師、整体師、エステティシャンから直接指導を受けることになります。当店は採用基準も高いですし、容姿だけでなく心の美しさも合否の判断基準となり、本格的なボディケアに加えて、最終的には性的満足感も与えるのですから、業界一の高額な一日保障額がお約束できるわけです」

この段階を踏んで風俗店に連れていかれた女性が「騙された」と騒ぐケースはほとんどない。「まだ迷っているようだから優しく接するように…」などと事前に業務連絡が入ることはあるが、あとはそれを引き継いだ店長が講習を施す。女性が「やります」と言えば、その日から稼働し、「やっぱりムリ」と言われれば、無理に引き止めない。それが、グループが業界で長く君臨する秘訣でもあった。

さらに、白石らは定期的にグループ傘下の幹部を集めて、営業戦略に関する会合を開いていた。そこでも「いかにして新しい女を入れるか」という点については、重要な課題として話し合われた。

「家政婦の派遣というのはどうでしょう。30代か40代でも上玉が来れば、熟女系の店に送り込むことができるんじゃないでしょうか？」

「架空の交際クラブのサイトはどうでしょう。欲の皮が突っ張った女子大生あたりが応募してくるんじゃないですか？」

「添い寝だけで一日3万円保障の店というのはやりすぎでしょうか？」

摘発直前、白石らが考え出したのは『彼女代行センター』という架空サイトだった。〈デートするだけで日給3万円以上稼げる仕事〉〈キャバクラやガールズバーより確実に稼げます〉などと甘言を絡め、応募してくる女性を待っていた。

サイトにはギャラの詳細な値段設定も載せていた。

〈ハグ↓1000円〉

〈ドライブ↓2000円〉

〈カラオケ↓2000円〉

他にもデート中のオプションとして、〈お弁当を作っていったら3000円〉〈浴衣デートなら3000円〉〈水着デートなら3000円〉とし、特にクリスマスと正月にデートに応じた場合、それだけで5000円の特別手当が出るということにしていた。

そのサイトを見て、A子さん、B子さん、C子さんという20代の3人の女性が応募してきた。A子さんは「彼女代行センターは稼げない。性的なサービスがある店の方が稼げる」という説明を聞いた時点で断った。B子さんは風俗店の講習まで受けたが、店長相手に性的なサービスをさせられて、「やっぱりムリ」と断った。C子さんだけが一日体験として入店することになり、海千山千の常連客にもてあそばれ、サービス以上の行為を強要されることになった。

「もう私、やめます！」

店長は「最初から慣れている女の子はいないから」と説得したが、C子さんの決意は固かった。

「ちょっとおかしいわよ、このサイト。最初から風俗店が従業員を募集するために虚偽の求人広告を出していたんじゃないの？」

A子さんが警察に駆け込んだことから、警察は職業安定法違反事件とみて捜査に乗り出した。その結果、3年以上にわたり、グループの架空の求人サイトに騙され、風俗店で働くことになった女性は数百人に上ることが分かった。

まずは虚偽の求人広告を出すウェブサイトの制作担当会社社長だった斎藤健太郎が逮捕された。

続いてグループの総帥である白石哲也、A子さんらの面接を担当していた出川慶太と河合直樹も逮捕された。他にも単独でスカウト活動していた25歳の女も共犯者として逮捕された。

警察の調べによると、摘発直前の1カ月だけで942人もの応募があって、そのうちの52人が実際に風俗店で働いていた。白石らは店の関係者の中でも一部しか知らない隠語を使い、どこから流れてきた女性なのかを詳細に区分していた。

ちなみに架空サイトに騙され、風俗店で働くことになった女性については、その供給元に一定金額のマージンが支払われていた。架空サイトを作っていた斎藤は、まさにそのマージンだけで食っていたような存在だった。

架空サイトを使って風俗嬢を作り上げるシステムは、このグループに限った話ではない。風俗店は常にニューフェイスを求めている。そのために手段を選ばないのは当然で、最初から社会経験が乏しい新大学生や新社会人を狙うのもまた当然なのである。

# 「強姦ビデオ」をプレゼントしていたレイプ集団のボス

東京発
『週刊実話』2010年4月29日号

演奏会の準備のために帰宅が遅くなった楽器奏者の森美奈さん（27）は、自宅に向かって歩いている途中、突然、目の前に止まった車から降りてきた2人組の男たちにタオルで口をふさがれ、車の中に押し込まれた。

「騒いだら殺すからな。オレたちは殺してもかまわない」

車内で目隠しをされ、腰のあたりに刃物のようなものを突き付けられ、不可抗力になった美奈さんが連れ込まれたのは、主犯格の村岡知広（45）の自宅アパートだった。

部屋の中に入り、美奈さんが目隠しを取られると、目の前には白とグレーの目出し帽を覆面のようにかぶった全裸の2人の男たちがいた。

「ヒィーッ」

「騒ぐんじゃねぇ。殺されるより五体満足で帰りたいだろう。服を脱げ。どうせ処女じゃないんだろう」

「私、経験ありません」

「ウソをつけ！」

「本当です。来年には結婚予定なんです。処女は結婚する彼にあげる約束なんです」

「ふーん…。でも、そんなことはオレたちには関係ねぇ。今日で処女なんか捨てちまおうか」

「キャーッ」

目の前にはビデオカメラが回っていた。白い目出し帽をかぶった村岡に口腔性交を強要され、もう1人の男には足を開かれ、陰部を舐め回された。

「ああ…、やめてください…」

2人はレイプする順番を譲り合い、村岡から先に挿入することになった。

「い、痛いです…」

美奈さんの膣から処女の鮮血がほとばしり、村岡は驚きの声を上げた。

「こいつ、本当に処女だぜ。先輩もヤッちゃってくださいよ」

2人は交互にレイプを繰り返し、性体験のない美奈さんの反応を面白がり、無理やり精液を飲ませるなどした。

「オレたちにはまだ仲間がいるんだ。お前のアドレス帳にあった友人の連絡先を控えたからな。警察に通報したら、友人が同じ目に遭うぞ！」

2人はさんざん美奈さんをもてあそび、再び目隠しをつけさせて、拉致した現場に車で戻り、美奈さんを解放した。

「オレたちが相手でよかったな。他のマニアに捕まっていたら、こんな程度じゃ済まないぞ。交通事故にでも遭ったと思え。オレたちが去ったら、15秒後に目隠しを外せ」

村岡はそんなことを言って走り去った。美奈さんは婚約者に報告し、警察に通報した。だが、それが原因で、結婚は破談となってしまった。

村岡は、電気工事業を営んでいた約15年前に女性をポラロイドカメラで撮影して強姦する事件を起こし、懲役3年6カ月の実刑判決を受けた。だが、「出所後も夫を支えます」と約束していた妻が服役中に別の男と再婚し、村岡は愕然とした。

出所後に付き合った別の女性にも前科を知られて愛想を尽かされ、ヤケクソになった村岡はムショ仲間の「レイプの先輩」と共謀し、美奈さんを強姦したのだ。

携帯の裏サイトで〝同好の士〟を探せるようになると、村岡は美奈さんを強姦したビデオをプレゼントし、共犯者を募るようになった。

それに興味を示してきたのが加藤敏行（48）だった。村岡は加藤に会い、「強姦には独特の満足感がある」「ナンパなんかしても仕方がない」などと独自の哲学を説いた。

加藤がワゴン車を持っていることを知ると、後部座席を改造させて、ベニヤ板と毛布を敷いた。天井には懐中電灯を取り付け、小型ビデオカメラをセットし、カーテンをかけさせて外からは見えないようにした。

「よし、これでどこでもレイプできるぞ。女を車の中に押し込んで、人気《ひとけ》のない場所でたっぷり楽しもう」

2人に襲われたのは、仕事帰りのスナックホステス（27）だった。いきなり目出し帽をかぶった男たちに抱きかかえられ、車の中に押し込まれた。ナイフを突き付けられ、人気のない公園の駐車場に連れていかれ、2人にかわるがわる強姦された。

その後、村岡と加藤は同じ手口で妊娠中の主婦（32）を強姦する事件も起こした。彼女は「私、妊娠しています」と懇願したが、村岡は「ウソつけ！」と言って腹を蹴り、かまうことなく強姦した。

村岡はそんな強姦の成果を携帯サイトに書き込み、新たに興味を持ってメールしてきた中田憲二（41）とも知り合った。中田は「小学校からずっと興味がある」という筋金入りのSMマニアだった。

「駅は防犯カメラがあるから襲ったらダメだ。周囲に人がいるときは襲わないのが鉄則。クロロホルムはともかく、スタンガンはまったくダメで、あれはビデオの世界だ」

実際にレイプしている村岡の話はリアルで、中田はその話に引き込まれ、村岡のことを「師匠」と呼ぶようになった。

レイプ実行の日、村岡は中田のリクエストに応え、クロロホルムが入った瓶を持ってきた。

「以前に一緒にやっていたレイプの先輩にもらったんだ。今日はこれを使ってみよう」

村岡と中田は深夜に車で徘徊し、コンビニ帰りの女性（33）を見つけた。ナンパを装って話しかけ、いきなり羽交い締めにして近くの畑に引きずり込み、クロロホルムを染み込ませたタオルを口にあてた。そのせいで彼女は口の周りが腫れ上がり、全治6カ月のケガを負った。

意識がなくなった女性を2人で車の中に運び、村岡の自宅アパートへ直行。衣類を脱がせて布団に転がし、刃物を突き付けて脅した。

「大人しくしろよ。この前、別の女に抵抗されて刺しちゃったんだ。お前も血だらけにはなりたくないだろう」

村岡は手慣れた様子で襲いかかり、大人のおもちゃを使って彼女を凌辱した。中田は「お前も舐めてもらえ」と言われたが、初めての経験に絶句するばかりで、いざとなってもペニスが勃起しなかった。

結局、射精したのは村岡だけで、いつものように「警察に言ったら、このビデオをバラまくからな！」と脅して、被害者を解放した。

その後も村岡は携帯サイトでレイプ仲間を募り、「助手が欲しい」などと書き込んでいた。彼らは強姦行為のことを「猟」と呼んでいた。

〈関東近郊にて仲間募集。すでに良質なターゲットがいます。ワゴン持ちの方、本気の方、和姦とか甘いことを言わない方、撮影機材や大人のおもちゃがある方、あとは経験者優遇〉

それを見て新たに仲間に加わったのが小出勇次（42）だった。

村岡がこれまでの武勇伝を語り、レイプの打ち合わせをするうちに、民家に忍び込んで強姦しようということになった。

「無施錠の家は山ほどある。昼は主婦しかいないことが多い。やってみるか」

白昼堂々、小出と2人で民家に忍び込み、居間に1人でいた主婦（33）にナイフを突き付け、「騒いだら殺すぞ！」と脅した。ガムテープで両手両足を緊縛し、小出はその様子をビデオカメラで撮影した。

だが、強姦する直前、彼女が一瞬の隙を衝いて逃げ出し、大声を出して近所に助けを求めたため、村岡と小出は慌てて逃げ出した。

「やっぱり夜道を1人歩きしている女の方がやりやすい。次は必勝パターンでいこう」

それで狙ったのが最後の被害者となるＯＬ（31）だった。いつものように2人がかりで被害者を抱きかかえて車に乗せ、自宅のアパートに連れていき、ビデオカメラで撮影しながら輪姦した。

「お前の住所も名前も分かっているんだ。警察には通報するなよ。オレたちには仲間が大勢いる。このビデオは高く売れるんだ。今日のことは忘れろ」

しかし、7年間にわたる犯行は長すぎた。村岡の書き込みはサイバーパトロールの目に留まることになり、内偵捜査で身許を特定された。

村岡が逮捕されると、芋づる式に共犯者も検挙され、村岡は6人の女性に対する集団強姦致傷罪などで起訴された。

次々と明らかにされる村岡たちの寒気がする犯行内容に裁判員たちは戦慄し、村岡は求刑通り、無期懲役を言い渡された。小出は懲役13年、加藤は懲役9年、中田は懲役7年の判決が下った。

だが、森美奈さんを一緒に強姦した「レイプの先輩」だけは捕まっていない。クロロホルムは毒物及び劇物取締法で指定されている劇物であり、一般人の入手は難しい。そんなものを入手できる男というのは、警察に捕まるようなヘマは働かず、水面下に沈み、密かに暗躍しているということだろう。

男と女の性犯罪実録調書

# 教え子カップルを脅して強姦や恐喝を繰り返していた専門学校講師

大阪発

『週刊実話』2012年2月23日号

飯田尊志（31）はコンピューター専門学校卒業後、IT企業に就職したが、上司と衝突して1年ももたずに退職した。

その後、ITコンサルタントを名乗って個人事業主になったが、月収は平均1～2万円。多くても10万円という極貧生活を送っていた。

そんなときに母校から「非常勤講師にならないか」という誘いを受けた。もっともそれは週1回だけの勤務だった。

相変わらずの極貧生活を送る中で、課外授業のサークル活動に携わるようになると、「オレは正社員じゃない」「これ以上はボランティアでできない」などと言って、生徒から〝指導料〟や〝迷惑料〟という名目で金を徴収するようになった。

その額は飯田の胸三寸で、卒業するまでに80万円も徴収された生徒もいた。

その中で最も標的にされたのが事件の被害者となる石田康平君（21）だった。飯田は石田君から2年間にわたり、月2万円の〝指導料〟を取っていたが、石田君が担当していた歯科医院のホームページ作りを放置していたことを知って、「お前のせいで周囲が血反吐モードになっている」と激怒。自分がヤクザにも顔が利くというようなホラ話を聞かせて、石田君に〝迷惑料〟を請求した。

「お前のせいで業者を呼ぶことになった。そのための金を払え。相手がヤクザだったら、大変なことになっていたぞ。実社会ではそういうことがあるんだ。よく覚えておけ！」

これが飯田の常套句だった。社会経験の少ない学生の足下を見て、「債権業者に売られると外国へ飛ばされる」「外国人ヒットマンに狙われると山に埋められる」といった話を得意げに披露し、それにかこつけて生活指導するのである。

飯田は石田君の責任を問いただし、「生涯年収2億円として、いくら払えるんだ？」と詰め寄り、「総額3000万円払う」という念書を書かせた。

その後、石田君の就職先が決まらず、学校に残って飯田の助手を務めることになると、ますますパワハラはひどくなった。

「実社会では旦那が頼りないと、嫁が風俗に行くことになるんだ。お前も彼女をソープに行かせるのか。しっかりしろよ！」

それを見かねたのが石田君の同棲相手で、飯田の教え子でもある島津真由美さん(20)だった。

「先生、それはあんまりです。3000万円の他に、年率18％の利息も払えだなんて…。学生はアルバイトしても、月10万円の支払いがせいぜいです。せめて利息なしの月10万円払いにしてください」

飯田はその申し出を受ける代わりに、真由美さんにこんな提案をした。

「それならキミが保証人として、石田が払えないときは体で払うというのはどうだ。それなら利息なしで、総額も1～2割を引いてやってもいいぞ」

飯田はますます石田君にプレッシャーをかけ、「お前がしっかりしないと、彼女を売ることになるぞ！」などと脅迫。真由美さんにもプレッシャーをかけ、セクハラ行為を繰り返した。結局、石田君は支払いを滞らせてしまい、飯田は「約束だ」と言って、真由美さんと肉体関係を結んだ。

「お前がしっかりしないと、彼女とそういう関係が続いていくことになるぞ！」

さらに飯田は「お前が仕事でミスをすれば、彼女とセックスする」というポイント制を導入。毎週1回、ポイントに応じて真由美さんとセックスすることを認めさせた。

「1人の女の子がこれだけ腹をくってるんや。それに負けないぐらいのカッコイイ男になれや」

飯田は「課題」と称して、石田君に真由美さんの陰毛を剃るように命じ、その写真をメールで送るように指示。職権をチラつかせる飯田には逆らえず、石田君は計10枚の写真を送ることになった。

石田君が助手になって1カ月も経つと、飯田は授業の資料作りも「オレにはメリットがない」と言って、手伝わなくなった。

真由美さんが見かねて助けを求めると、「それならオレを楽しませろ」と言って、またもやセックスを要求した。飯田は2人が暮らすアパートに泊まり込み、徹夜で作業を手伝った後、翌朝になると石田君を追い出し、真由美さんとセックスにふけった。

「明日もだ。ポイントがたまっているからな」

その翌日も飯田はアパートに押しかけ、ローションを使い、何度もセックスを楽しんだ。石田君が外から戻ってきても、パンツ姿で居座り、「お前たちは日頃、どんなセックスをしてるんだ?」などと質問。石田君が「足コキをしてもらっています」と答えると、「やってみせろ」と要求。真由美さんが石田君のペニスを足で踏みつけると、飯田は笑い転げ、その様子を携帯電話で撮影した。

「オレから逃げられると思うなよ。逃げたりしたらどうなるか。石田が金を払えなければ、保険金をかけて殺してやる。2億円払え。そしたら、自由の身にしてやるよ」

真由美さんは飯田の機嫌を損ねないようにするためだけにセックスし、「お前は2億円の女やな」と笑われていた。もはや何のためにセックスしているのかも分からなくなっていた。

2人のガマンは限界に達していた。その後も飯田は金銭を要求し、「月末までに92万円を支払え」などと無理難題をふっかけ、その代償として真由美さんとのセックスを繰り返した。

真由美さんは精神的にボロボロになった。石田君は「もう手に負えない。親に相談しよう」と決断。飯田と連絡を絶ち、知人宅に身を寄せた。そこから飯田に電話すると、「金を払えないなら、債権業者に売るから、身分証明書を出せ！」などと怒鳴りつけられた。

そこで石田君は言った。

「先生、もう自分たちは限界です。今日の電話の内容は録音しました。警察に相談しますから」

その途端、飯田は手のひらを返し、「待て、借金の件はチャラにする。お前たちと同意があってやったことなのに、オレを悪者にするのはやめてくれ！」と慌てふためいた。

石田君と真由美さんは警察に告訴。飯田は恐喝や強姦などの容疑で逮捕された。事件が明るみに出て、学校側は飯田を解雇。しかし、飯田は見苦しいまでの言い訳を重ねた。

「彼らには、言葉の重みを持たせるために3000万円という金額を出したにすぎない。本気で取るつもりはなかった。セックスは彼女から誘われた。『自分は性経験が少ないのでスキルアップしたい』と相談された。２人によって作られた罪をどう反省していいのか分からない」

飯田を取り調べた捜査員は「お前は人間じゃない。お前のやったことは死んでも償いきれん！」と吐き捨てた。もう２度と教壇に立つ日は来ないだろうが、こんな講師が存在していたというだけでも驚きだ。

飯田の公判は２年以上も続けられ、最終的に懲役11年、未決勾留日数６６０日をその刑に算入するという判決を受けた。

# オーディション詐欺を強姦で口止めしていた芸能プロ

東京発
『週刊実話』2019年3月7日号

被害者の1人である松本愛莉さん（24）は、ホームページで芸能プロダクションが求人を募集しているのを見つけて応募した。愛莉さんは以前に芸能プロのマネージャーとして働いたことがあり、自分が発掘したタレントとともにのし上がっていくという〝夢〟をあきらめきれずにいた。

「仕事はタレント募集業務の手伝いです。オーディションの審査にも参加してもらいます。固定給はなく、タレントが事務所と契約した時点で2万円が入るという完全歩合制です」

愛莉さんは派遣社員として登録していたので、「それでも構いません」と了承した。だが、勤務して早々、同社のインチキぶりにすぐ気付いた。架空の映画キャストの出演者を募集し、一度落とした上で、見込みがありそうな人に再度メールで連絡し、「あなたにお勧めしたい芸能プロがある」と言って、自分たちの芸能プロの所属タレントになるように説得するのだ。

こうしてレッスン料などの名目で金を巻き上げる。愛莉さんは詐欺行為の手伝いなどできないと思い立ち、「やめさせてほしい」と申し出た。

「何でやめたいの？」

それまで優しかった男性スタッフが急に冷たい態度になった。それでも愛莉さんは本当の理由を言わなかった。

「どっちにしろ、オレたちじゃ決められん。社長に言ってもらうしかないな」

社長の小林秀樹（33）は体が大きくて威圧感があり、髪をオールバックにして、いかにも業界人という雰囲気があった。愛莉さんは小林のもとに連れていかれ、事務所のテーブルをはさんで、小林と向き合った。

「入ったばかりなのに、なぜやめたいんだ？」

「いや…。男性スタッフしかいないし、完全歩合制というのも厳しくて、他の仕事を探したいんです」

小林は納得せず、あの手この手で残留を持ち掛けたが、愛莉さんが「これ以上はできません」と頑ななので、態度を急変させた。

「身分証を出せ。おい、これのコピーを取ってこい」

小林は事務所にいたスタッフにそう命じ、それが終わるとスタッフを部屋から追い出して、カギをかけた。

部屋の中には小林と愛莉さんの2人だけになった。小林は煙草に火をつけ、ブラインドも下ろした。

（これから何をされるんだろう…）

不気味に思っている愛莉さんに対し、小林は「秘密保持誓約書」と書かれた書類を投げつけてきた。

「これに名前を書け！」

愛莉さんは素直に従ったが、ここからが地獄の始まりだった。小林は「ふざけんじゃねえぞ。こんな手間取らせやがって…。お前をつぶすぐらい何でもねえ。風俗の闇に落としてやろうか、それとも海に沈めてやろうか。お前の歯を全部折ってやる」などと言って脅迫した。

愛莉さんは煙草の火を顔に近づけられたり、顔面の寸前で拳を止められたり、缶コーヒーで殴るふりをされたりして、頭が真っ白になった。

（何でこんなに怒られるんだろう…）

さらに小林から「実家の連絡先を書け。ウソをついても、調べる方法はあるからな」と言われ、やむなく従った。その間、小林はスマホで動画を撮っていたが、愛莉さんはそれにも気付かないほど緊張していた。

「毎年、何万人もの行方不明者が出ることは知っているか。お前もその1人にしてやる。男の場合は暴力でボコボコにするんだが、女の場合はこうするんだ。服を脱げ！」

「私、絶対秘密を漏らしませんから…」

「うるさい！」

結局は抵抗できず、愛莉さんは全裸になった。小林は股間にスマホを差し入れて、陰部を撮影した。

「名前と生年月日を言え。もっと足を広げろ！」

そして、事務所のソファーベッドで横になるように命じられ、自慰行為を強要された。

小林はスマホを構えながら、愛莉さんの前に立ちはだかり、屹立したペニスを突き付けた。

「くわえろ！」

頭を押さえ付けて口唇に突き入れ、興奮状態になった小林は愛莉さんを押し倒し、避妊具もつけずに挿入してきた。

「アアア…」

愛莉さんはひたすら早く終わってほしいと耐えていた。やがて小林は射精したが、終わっても恐怖感から涙も出なかった。

「この動画は半年間保管するからな。もしこの業界でお前を見かけたり、情報を漏らしたりすれば、この動画をネットで流すからな」

さらに愛莉さんは「もう1回」と求められ、再びセックスさせられた。愛莉さんは恐怖感を通り越し、小林が再び射精したのかどうかも分からなかった。

最後に事務所の関係者とやり取りしたＬＩＮＥの記録をすべて消去させられ、ようやく解放された。

愛莉さんは自宅に帰ってから風呂に入り、小林の体液をすべて洗い流した。膣から血が出ていることに気付いたが、医者に事情を聞かれることをためらい、病院にも行かなかった。

一番心配だったのは妊娠だが、幸いにも1カ月後に生理が来た。愛莉さんはこのことを小林が別件で逮捕されるまで誰にも言わなかった。

小林が逮捕されたきっかけは、自分の芸能プロに所属すると言いながら、その約束を破った女性タレントの芹沢葵さん（24）に対し、頬を平手打ちしたり、灰皿で殴って、「秘密保持誓約書」を書かせた上、迷惑料50万円を請求したというものだった。

「お前、ナメているのか。もし、自分から連絡してこなけりゃ、ヤクザに頼んで拉致していたところだ」

小林は「窓から飛び降りろ」「首を吊って詫びろ」などと、できもしないようなことを言って脅し、賠償金を支払うために風俗で働くことを提案。泣いて謝る葵さんに対し、いつもの手口で全裸にし、陰部などをスマホで撮影した。

「警察に言うなよ。捕まっても出てきたら、復讐するからな！」

小林はカッターナイフを突き付けて脅し、はさみで乳首を切り取ろうとした。ガタガタと震えている葵さんに対し、「男はこんなとき、ヤラせれば怒りが収まるんだ」などと言って、2度にわたって強姦し、その様子を動画で撮影した。

「迷惑料として50万円払え。月々5万円返せばいい」

小林はその担保として、葵さんの家族や友人の連絡先を書かせ、「逃げたらお前の家族や友人を殺すからな」と脅した。

さらに3度目のセックスに及び、「金を払わなかったら、毎回ヤルからな」とクギを刺した。

葵さんは思い悩んだ末、1週間後に交際相手に打ち明けた。2人は警察に駆け込み、葵さんの件で事務所に家宅捜索が入り、小林のスマホから複数の強姦被害者の動画が見つかった。

ここからは堰を切ったように捜査が進み、小林は同様の被害に遭っていた声優の間宮理沙さん（32）に対する強姦致傷などの疑いで再逮捕された。

理沙さんも面接後、契約書を提出するように言われていたが、もともと別の事務所に所属していたこともあって、小林の事務所には所属しないと決めた。

その旨を伝えるために事務所を訪れたところ、小林は「お前はスパイか。もう少しで家まで探すところだった。お前の家族も親戚もメチャクチャにしてやる」と激怒し、髪をつかんでビンタするなどした。さらに「窓から投げられたいのか」と脅し、いつもの手口で全裸にした。

「表舞台にいたいんだよな。それだったら裸の写真を撮られたり、ハメ撮りされたら困るよな」

理沙さんは交換条件としてセックスを求められ、それを拒むと首を絞められた。殺されるかもしれないという恐怖から、小林とのセックスに応じることになり、その一部始終を撮影された。

さらに覚醒剤の注射をほのめかされ、またも恐怖からセックスに応じた。その際に膣壁損傷で全治1週間のケガを負った。

続けて「迷惑料として10万円払え」と言われ、ATMに連れていかれて10万円を奪われた。理沙さんは病院に行った際、医師の勧めで警察に通報していた。

さらにテレビで逮捕のニュースを知った元所属タレントの女性（20）が名乗り出て、強姦容疑などで3度目の逮捕。彼女は「親を殺されるか、オレにヤラれるか」と迫られた上、現金を脅し取られていた。

その後、松本愛莉さんに対する強姦容疑も発覚し、別の女性タレント（29）に対する強姦未遂容疑でも逮捕された。

結局、小林は計5人の女性に対する強姦罪などで起訴されたが、「すべて合意の上だった。暴行や脅迫はしていない」と言い張った。

しかし、裁判所は「被害者らを愚弄するような弁解に終始しており、反省の情は皆無である」と断罪し、懲役23年を言い渡した。

まるで芸能プロの仮面をかぶった性犯罪組織だ。ちなみに小林の正体は、かつて振り込め詐欺グループでリーダー格の元暴力団幹部だった。

男と女の性犯罪実録調書

# デジタルタトゥーに屈服した元テレビ局社員の再犯レイプ

大阪発

『週刊実話』2019年8月22・29日合併号

15年前、伊藤真一（55）が強姦容疑で逮捕されたとき、世間は騒然となった。なぜなら、伊藤は現役のテレビ局社員だったからだ。

伊藤は大学卒業後、大手広告代理店に就職。「とにかく仕事ができる男」として知られ、外資系の大手広告代理店を経て、38歳のとき、テレビ局に入社した。

そのテレビ局の中途採用試験でもトップの成績で、1年後には課長待遇に昇進し、衛星放送部門の営業局に出向した。このような非の打ちどころのないエリートでありながら、その裏ではドス黒い犯罪に手を染めていたのだ。

その手口は、深夜にマンションの無施錠の部屋に侵入し、「オレを知っているだろう」などと知人を装って女性の恐怖心をあおり、目と口を粘着テープでふさぎ、手足を縛ってレイプに及ぶというものだ。それだけではなく、口封じのための写真を撮り、金やブランド品など貴重品があれば、奪って逃走していた。

伊藤が捕まったとき、最初の容疑は住居侵入だったが、この時点でテレビ局は連続レイプ事件の可能性を警察に知らされていたので、わずか4日後には伊藤を懲戒解雇にした。

伊藤は「20件はヤッた」と供述、そのうちの8人は芸能プロダクションに所属するタレントの卵たちだった。未遂に終わったものの、女優の家にも侵入していた。

警察はこれらの住所を知り得るテレビ関係者やタレント事務所関係者に絞って捜査、防犯カメラの映像などから伊藤が浮上した。

結局、伊藤は3人の女性に対する強姦罪などで起訴され、懲役10年を言い渡された。刑務所では模範囚として過ごしていたというが、自らが起こした犯罪の重大性についてはあまり認識がなかったようだ。

「刑期が終われば、新しい未来が待っている。まっさらな自分になって、人生をやり直せばいい」

そんな希望を持ちながら、5年前に出所した。

ところが、世間は冷たいものだった。食品会社からガス会社の運転手まで20社以上の面接を受けたにもかかわらず、どこにも採用されなかった。

年齢的なものもあると思いきや、その原因はネットを検索すれば出てくる自分の犯罪報道だと気付いた。

それでも、介護業界なら人手不足だし、ホームヘルパーの資格を取れば何とかなるのではないかと思ったが、全滅だった。

父親や弁護士、保護司にも相談した。しかし、それだけはどうにもならなかった。刑務所で知り合った同種事案で服役した男に連絡を取ってみたが、「自分の場合はつまらん事件だったから、ネットにも出てこないし、もう世間に忘れられている。伊藤さんの場合は社会的地位があったから、センセーショナルに報道されて、それが今でも残っているんだろうね」という返事だった。

「なぜ自分だけがこんなに苦しまなきゃならないんだ…。同じことをしても自分はダメで、他の人間は許されるなんて不公平だ！」

伊藤はその〝差別〟に苦しんだ。その影響は就職活動だけに留まらなかった。出所後に彼女ができて、彼女の家で同棲したこともあったが、ある日突然、別れ話を切り出され、逃げるように自分のもとから去ってしまった。

「きっと彼女はネットでオレの前科を知ったのだろう。それしか考えられない。いつまでこんな目に遭わなくちゃならないんだ…」

伊藤は自分の事件の被害者の存在を棚に上げ、すべて身から出たサビだというのに、ネットに残るデジタルタトゥーに対する憎悪の感情を膨らませた。

かくなる上は国家資格である行政書士の資格を取って、自営で生きていくしかないと思い立ち、予備校に通うことに。ここでも前科がバレたら、周囲に白い目で見られるのではないかと怯え、本名の漢字を一文字変えて、「伊東真一」として入学することにした。

目論見通りと言うべきか、そのおかげで周囲には正体を知られることもなく、仲間もできて、楽しい予備校生活を満喫することができた。新しい彼女もできて、予備校の近くで同棲することになった。

だが、その一方で伊藤は社会から孤立しているイライラを募らせるようになった。彼女に内緒で風俗店に通って、そこで知り合った女性をストーカーし、住んでいるマンションを知ると、もうその中に入ってみたくて仕方なくなった。

伊藤にとって、留守宅に侵入し、私物を見たり、写真を撮ったりするのも、性的満足を得る醍醐味の一つだった。誰もいなくても、室内に入るだけで快感だった。そんなことを繰り返しているうちに、昔のレイプの興奮がよみがえってきて、また女性を襲いたくてたまらなくなってきた。

被害者の1人である桐谷佳代さん（23）は就寝中に部屋の中に人がいるのに気付き、「誰?」と起き上がると、「叫ぶな。大人しくしていれば何もしない、佳代」と名前で呼ばれた。佳代さんは例えようもない不気味さを感じ、「殺さんといて…」と哀願した。

タオルで目隠しされ、下半身を裸にされ、強姦されそうになったが、佳代さんが生理中であることに気付くと、犯人は「手でいい。しごけ」と命令し、佳代さんの手の中で射精した。

伊藤の犯行にはパターンがあって、事前に郵便物で女性が住んでいるかを確認し、玄関ドアノブを回して無施錠なら侵入し、男性がいれば逃げるが、女性が1人で寝ていれば襲うというもの。あらかじめ電マ、濡れティッシュ、マスク、手袋、ポーチ、コロコロを用意し、犯行が終わると清掃して立ち去っていた。

伊藤はレイプに夢中になり、行政書士の試験もうまくいかず、新しくできた彼女とも別れることになると、もう歯止めが利かなくなり、完全にレイプ魔として復活してしまった。

別の被害者の芦屋洋子さん（31）も同じように寝込みを襲われた。突然部屋に侵入してきた男に「静かにしろ！」と怒鳴られ、タオルで目隠しされ、電マでもてあそばれた。動画を撮られ、ペニスを挿入されたが、犯人の男は射精できず、途中で中断して立ち去った。

洋子さんは「警察に言ったら、この動画をバラまくからな！」と脅され、精神的に不安定になり、彼氏とも別れ、職場も退職してしまった。事件のトラウマから、何度も自殺未遂を繰り返した。

最後の被害者となる三杉芳恵さん（29）は、桐谷佳代さんと同じマンションの住民だった。同様の手口で無施錠の部屋を探し、芳恵さん宅に侵入。寝ていた芳恵さんに襲い掛かり、「いつも彼氏を連れ込んでいるよなぁ。オレの部屋まで聞こえてくるんだよ」などと言って困惑させた。

芳恵さんもタオルで目隠しされ、手足を縛られて強姦されそうになったが、男は中折れしてしまい、射精には至らなかった。

警察は犯行現場が同じような地域に集中していることから、防犯カメラの映像を持って聞き込みを続け、「似た男がいる」との情報をつかみ、伊藤を浮上させた。伊藤がゴミとして出したタオルから芳恵さんのＤＮＡが検出され、まずは住居侵入容疑で逮捕された。

伊藤は取り調べに対し、完全黙秘を貫いたが、捜査当局は8人の女性に対する強制性交等、強姦、強姦未遂、強制わいせつ、窃盗、邸宅侵入などの罪で起訴に持ち込んだ。

「事件を起こしたのは、一時的でもイヤなことを忘れられるから。私には認知の歪みがあり、他の解決法を持ち合わせていなかった。出所したら必ず新しい未来が開けているからと、家族にも支えてもらって、希望を持って出てきたんですけど、仕事にありつけなかった。10年間も真面目に受刑生活を送ってきたのに、ネットを開けば自分の名前が出てくる。自分の名前では生きられなかった。それは本当に辛かったです」

裁判所は「ポストの郵便物から居住者の情報を確認した上で、知人を装い、一人暮らしの女性を選んで性犯罪を繰り返すなど犯行は巧妙で悪質だ」と断罪し、伊藤に懲役15年を言い渡した。

ネット検索で犯罪の個人情報を消し去る「忘れられる権利」はたびたび話題になるが、削除要件は厳格で、「プライバシーの保護が、情報を公表する価値より、明らかに優越している場合に限る」というのが最高裁の見解だ。

特に性犯罪者は常習性がある上、高年齢化するにつれて、行動を改めさせることが困難になってくるというのが厄介な問題だ。

だから、日本も欧米諸国のように「犯罪者登録法」を作り、性犯罪者の情報を国が管理して、国民に情報を開示すべきだという専門家の意見もある。

伊藤の場合、出所後は知人の行政書士事務所で働くというが、出所後のサポートもなく、デジタルタトゥーに悩み、ヤケクソで再犯に走るというのは、野放しにされた性犯罪者がたどる典型的な道なのかもしれない。

# 子供の交通事故の示談交渉で加害女性に性的暴行を加えた父親

三重発

『週刊実話』2018年12月20日号

ＯＬの佐々木友美さん（20）は車を運転中、自転車に乗った中1少女と接触事故を起こした。

「大丈夫？」

すぐに車を降りて駆け寄ったが、少女は「私も悪かったですから」と言って立ち上がった。

「でも…、何かあったら困るから。ご両親には事故に遭ったことを報告してね」

友美さんは自分の名前と携帯番号を書いた紙を渡して立ち去った。

少女は帰宅後、母親に報告。父親にも〈友達と遊んでいるときに車にぶつかった。でも、いっぱい謝ったら許してくれた〉とＬＩＮＥした。

「ちょっと待て、その相手はすぐに警察に連絡したのか？」

「ううん、急いでるみたいですぐ行っちゃった」

「それは子供が陥りやすいワナだ。人身事故を起こしておいて、そんな対応はないだろう」

少女の父親は多和田哲郎（42）。自動車整備専門学校を卒業し、カーディーラーに勤め、自分で自動車関連の会社を経営していたこともあった。いわば自動車関連のプロフェッショナル。保険の知識も当然あった。

多和田は自宅に戻ってから、娘に詳しい事故の状況を聞いた。相手の車が急に動いてきて自転車にぶつかり、こけてしまったこと。膝を擦りむき、自転車の前カゴとギアのレバーが壊れてしまったことなどだ。

多和田は友美さんに電話した。

「ケガは大したことがないようなので、自転車の修理代を出してほしい。当然だが、事故の件は未成年の娘に代わって私が対応する。こちらの言い値でいいならそれでも構わないが、実物を見て納得したいということなら、見に来てもらってもいい。どうする？」

「それじゃあ、お詫びを兼ねてうかがいますので…」

友美さんは初めての事故経験に怯えていた。悪気があったわけではないが、事故を見ていた人に「この程度なら、自分の連絡先を書いたメモだけ渡しておけばいい」と言われ、その通りにしてしまったからだ。

多和田は友美さんに目印となる自宅近くの場所を教えて、「近くまで来たら連絡してほしい」と告げた。約30分後、友美さんから電話があり、迎えに行くと、想像以上の美女が小走りに駆け寄ってきた。

「佐々木さんかい？」

「ハイ、このたびは申し訳ありませんでした…」

そのとき、妻と娘は地域のバスケットボールチームの練習に行って不在だったので、家には多和田と5歳の息子しかいなかった。

多和田は友美さんを自宅に連れていき、玄関先で壊れた自転車を見せた。

「なるほど、確かに壊れていますね…。私、自分がどんな保険に入っているのか分からないんです。どうしたらいいでしょう…」

「あなたが保険を使うならそれでもいいけど、来年以降の月々の掛け金は高くなるよ。それに警察に届けてないでしょ。こういう場合は保険金が下りない可能性もあるよ。下手すれば、ひき逃げということで刑事処分を受けるかもしれない。どうする？」

友美さんは青ざめた。自分のしでかしたことは、そんなに大事《おおごと》だったのか。

押し黙る友美さんに対し、多和田は「ここじゃあ、近所にも話を聞かれて都合が悪い。車の中で話そう」と自分の車へと誘導した。

友美さんは最初は後部座席に座っていたが、多和田は友美さんの心境を見透かしたように「大事にしたくないでしょ。家族にも迷惑かけたくないでしょ。あなたの時間を20分下さい。しばらくしたら助手席に移動してください」などと言ってきた。

もしかしたら何かされるのではないかと身をこわばらせると、「私は腰を痛めていて、後ろを振り向くのがしんどいんですよ。じゃあ、10分でもいいですから」と言われ、友美さんは事故を起こした後ろめたさから、助手席に座った。

するると、多和田は友美さんの手を握り、「ハグしてもいいですか？」と聞いてきた。ほとんど強制的にハグをされた後、「キスをしてください」と言われたので、首を左右に振った。

だが、多和田は強引に友美さんの顔を押さえ付けてキスしてきた。友美さんは唇を閉じて抵抗したが、多和田は強引に舌をねじ込んできて、口中を舐め回した。

それと同時に服の中に手を入れてきた。下着の中にも手を入れられ、陰部に指を出し入れされた。

「やめてください…」

これは明らかに交通事故の示談交渉ではない。それは分かっているけれど、恐ろしさで抵抗できない。

友美さんはひたすらガマンし、「もう10分経ちました」と言ってやめてもらおうとしたが、多和田は「まだだ、もうちょっと…。オレのを触ってくれ」と言って、ズボンの上から股間の上を触らせた。

さらに多和田はズボンとパンツを下ろし、「握ってくれ」と要求した。続けて「舐めてくれ」と言われ、友美さんは顔を引きつらせた。

　だが、多和田は構うことなく、友美さんの後頭部を押さえ付け、口腔性交を強要した。多和田は友美さんの頭をつかんで上下させ、雄叫びを上げて体液を放出した。友美さんは嘔吐しそうな衝撃を受け、その液体を吐き出した。

「思いがけず、こういう展開になってしまったので、もう事故の話はなかったことにしましょう。あとは修理代の実費だけをもらえばいいから。保険とか警察の話はなしにしましょう」

　そして、多和田は友美さんが持っていたメモ用紙に、《今日の出来事は誰にも口外しません。決して親にも話しません》という念書を署名入りで書かせた。こうして友美さんはようやく解放、家に帰ってから泣きながら母親に電話した。

「お母さん、事故を起こした相手の親に会ったんだけど、示談の名目で体を触られた」

「何でそんなことになったの？」

「最初は『ハグさせてくれ』とか言われて…、あとは無理やり…」

「ちょっと待ってて。すぐそっちに行くから。もしかして最後までヤラれたんじゃないでしょうね？」

「指を入れられたけど、中では射精されてない…」

「相手に住所を知られているなら、しばらくそこにいない方がいい。実家に移るための準備をしておきなさい」

「分かったわ…」

母親と友美さんはその足ですぐに警察に行った。多和田は強制性交等容疑で逮捕された。だが、多和田の言い分は友美さんとは180度違っていた。

「誘惑されたのはこっちの方。体にしなだれかかって自分からキスしてきて、私の股間を触りながら、『私のも触って』と言って服を脱ぎだした。何度もディープキスされ、思わず『口でしてほしい』と言ってしまった。彼女は物凄いテクニシャンで、すぐに射精してしまい、『ゴメン』と言いながらティッシュを差し出すと、『要らない』と言って飲んでしまった。こっちの方が戸惑って、『こういう行為は好きなん？』と聞くと、恥ずかしそうに頷き、『ハイ』と答えた。それ以上、事故の話ができなくなってしまったので、今回の件はなかったことにしようと私の方から提案しました。彼女は『これで事故のことを会社に報告しなくてよくなった。ありがとう』と言っていました」

一見、多和田の言い分にも筋が通っているようだが、実際の事故による損害は、自転車のギアカバーが壊れた修理代300円だけだったことが判明。たったそれだけのことで、こんな色仕掛けをするだろうか。

さも重大事案であるかのように装って、若い女性の無知に付け込んだのは多和田の方だ。裁判所は「被害者の苦痛は大きく、被告人に反省の態度は見られない」と断罪し、懲役4年の実刑判決を言い渡した。

男と女の性犯罪実録調書

# 高校野球で燃え尽きた男は連続わいせつ魔になった！

岐阜発

『週刊実話』2018年7月12日号

尾関辰也（23）は子供の頃から〝野球の神童〟として知られ、小学生のときには県大会で優勝。地元の高校に入ると、1年生からレギュラーになった。

2年生の夏は学校創立以来の甲子園初出場を果たした。だが、尾関は大会直前に持病の腰痛が悪化し、ベンチ入りできず、当時の主将に「一緒に戦いたかったです」と打撃用の手袋を託した。

ナインは「尾関の分まで頑張ろう」と一丸となり、ことごとく強豪校を撃破。このことは新聞で美談として報じられた。

3年生の夏は中心選手となり、監督が「自分のやりたい野球の一番の理解者」とほめちぎり、一番打者の攻撃型捕手としてチームを引っ張った。

地区予選を順当に勝ち上がり、2年連続で決勝に進出した。同点で迎えた9回裏、2死2塁で相手校のバッターが右前安打を放ち、その返球を待ち構えていたのが尾関だった。

バックホーム――。しかし、ランナーが間一髪で生還し、劇的なサヨナラ負け。尾関の夏は終わった。

「120%の力を出し切った。それで負けたんだから仕方ない。悔いはありません」

地元紙のインタビューに答える尾関の姿は写真入りで大きく報道された。

そんな華々しい高校時代の実績を引っさげ、大学野球でも活躍。プロからは声が掛からなかったが、尾関のことを子供の頃からかわいがっていた伯父が「自慢の甥っ子なんだ」と、勤めている会社に縁故で入社させてくれた。

ところが、尾関はそこで人生初の挫折をかみしめることになった。同期入社の同僚のレベルが高すぎて、仕事に付いていくことができないのだ。そのストレス解消のため、尾関は帰りの電車で好みの女性を探し、その女性が降りる駅でフラフラと途中下車し、尾行するという行為を始めた。

そんな中、尾関はかねて交際していた女性と入籍した。同居して間もなく、妻の妊娠が判明。本来はめでたいことであるはずなのに、夫婦生活がなくなったことで、ますますストレスをため込むようになった。

その餌食になったのが第1の事件の被害者である高橋君枝さん（23）だった。君枝さんを車中で見かけた尾関は君枝さんと同じ駅で降りてそのまま尾行し、人気のない場所で抱き付いた。

「キャーッ！」

犯行は成功したのに、尾関は今しがたやったばかりの強制わいせつ行為を激しく後悔した。

「何であんなことをしてしまったんだろう。もう2度とやらない…」

そう誓ったものの、1度の成功体験は、2度目のハードルも、極めて低いものにした。

それから1カ月もしないうちに、帰りの電車の中で第2の被害者となる結城亜美さん(21)を見つけた。尾関は衝動を抑えられず、亜美さんと同じ駅で電車を降り、自転車置き場に向かった亜美さんを追いかけた。

その道中で亜美さんに抱き付き、口をふさいで「騒ぐな、殺すぞ!」と脅した。

「なかなかいい胸をしてるじゃないか」

「や、やめてください…」

尾関はそれ以上の行為に及ぼうとしたが、たまたま人が通りかかり、「どうしたんですか?」と声を掛けられたので、慌てて逃走。亜美さんはその男性に助けを求め、家族に連絡した上、110番通報した。

一方、尾関は何食わぬ顔で自宅に戻っていた。身重の妻は一連の夫の犯行にまったく気付いていなかった。

尾関の犯罪傾向は進むばかりだった。第3の事件当日、尾関は〈これから帰る〉と妻にLINEしたが、自宅近くの駅で降りてもすぐに家に帰らず、繁華街のある方向へ歩き出した。そこで見つけたのが帰宅途中のOLの安藤加奈さん（21）だった。

尾関はフラフラと跡をつけ、徐々に忍び寄り、加奈さんの背後から腕を巻き付けて、目隠しするように頭を抱え込んだ。

「叫んだら殺すぞ！」

加奈さんは腕を振り払おうとして、頭を左右に振った。犯人の腕の力はますます強くなった。加奈さんはしゃがみ込んで腕を外そうとしたが、前のめりになったとき、後ろからズボンの中に手を突っ込まれて、下着の中に指を入れられた。

「お前、イヤイヤ言いながら、濡れとるやないか」

尾関は陰裂を割って、指を1本挿し入れた。ヌルッと吸い込まれるように第一関節が入っていき、そのままズブズブと秘肉をかき分けて第二関節まで埋まった。尾関は加奈さんのズボンを脱がそうとしたが、ベルトの外し方が分からず、「これ、どうやってやるんや？」と尋ねた。加奈さんが抵抗する様子を見せなかったので、加奈さんを立ち上がらせてズボンとパンティーを脱がした。

尾関はバックから挿入しようとした矢先、メガネを落としてしまった。それを拾おうとしゃがみ込んだときに逃げられそうになったので頭を押さえ付けた。

加奈さんが膝立ちになったため、ちょうど口の前にペニスがそそり立つ形になった。尾関は「舐めろ！」と命じた。加奈さんは「イヤです」と答えた。尾関は無理やり口腔性交した。

「うぐぅ…」

息苦しさに顔をのけぞらせて加奈さんはうめいた。尾関は再び陰裂に指を挿し込んでこね回す。さらに本番に挑もうとしたが、周囲が暗過ぎてうまくいかず、加奈さんに向かって自慰行為を始め、衣服などに射精して逃げた。

加奈さんは母親や友人に相談して110番通報した。

警察ではすでに高橋君枝さんの事件で、電車から降りて君枝さんをつけ回すかのように尾行する犯人の姿を防犯カメラで確認していた。その後、同じ沿線で類似事件が多発していることを確認し、尾関の犯行であることを突き止めた。

尾関はまず、高橋君枝さんに対する強制わいせつ容疑で逮捕された。そのことが地元紙で報じられると、地元は騒然となった。

「あの辰也君なの？」

「一体なぜ？」

そんな電話が山ほどかかってきたが、実家の両親は答えようがなかった。続いて別の警察署に、結城亜美さんに対する強制わいせつ容疑で再逮捕された。さらに安藤加奈さんに対する強制性交等容疑でも逮捕された。

尾関の兄と弟は激怒し、「もう辰也のことは受け入れられない」と絶縁宣言した。会社も懲戒解雇となり、地元のヒーローは近所から白い目で見られるだけの存在になってしまった。

だが、妻だけは生まれたばかりの長男を連れて拘置所に面会に来てくれた。すでに両親を亡くしていた妻は「せっかくできた家族を失いたくない」と涙した。尾関はアクリル板越しに我が子を見て、「本当にすまなかった…」と泣き崩れた。

「野球しかしてこなかった自分は、仕事がまったくできないことでストレスをためていた。妻子を持つことになり、ますますプレッシャーがかかっていた。実家の家族には後ろ指をさされる生活を送らせてしまい、本当に申し訳ない」

18歳がピークの人生とは何だろう。男の人生は年齢を重ねるごとに面白くなっていくものだ。甲子園を目指したことは悪いことではないが、それを「至上価値」としてもてはやした周囲の大人たちにも責任があるだろう。

尾関は君枝さんに50万円、亜美さんに30万円、加奈さんに100万円の示談金を支払った。

今後は性犯罪治療の専門機関に通うことを誓約したが、よほど本人の強い意志がない限り、意味のないものに終わるだろう。他力本願ではまず治らないのが性犯罪である。

# 「高校生の娘をたぶらかすな！」38歳の交際相手を刺殺した42歳の父

熊本発

『週刊実話』2010年4月22日号

「娘の交際相手を包丁で刺した。まだ息をしている。救急車を呼んでほしい」

興奮した男の声で、こんな110番通報がかかってきた。地元署員が現場の民家に駆け付けると、青山博（38）が血まみれになって倒れていた。現場にいた熊野駿介（42）が「自分が刺した」と認めたため、殺人未遂容疑で逮捕された。青山は病院に運ばれたが、3時間後に出血性ショックで死亡した。

熊野の娘の玲子（16）は中学を卒業する頃、携帯電話のゲームサイトで青山と知り合った。青山は年齢を隠し、サイト内のミニメールを通じて頻繁に玲子に連絡を取り、言葉巧みに玲子を誘い出した。

会ったその日にホテルに連れ込み、肉体関係を持ち、写真を撮った。そして、今度はそれをネタにして交際の継続を迫り、会うことを強要するようになった。

青山には子供が2人いたが、バツ2の生活保護受給者だった。玲子は青山とデートするたびに金を無心され、お年玉貯金を取り崩して、なけなしの数万円を貸していた。玲子が「もうお金がない」と断ると、「親の金を盗め」と強要された。青山は玲子から父親が経営する自動車整備工場を聞き出し、客を装って偵察にも出かけていた。

「お父さんに会ったよ。真面目そうな人だね。オレと付き合っていることが分かったら、何て言うかな？」

そんな秘密の付き合いを半年ほど重ねていたのである。

地元の花火大会の夜、玲子は青山に呼び出され、夜10時過ぎまで付き合わされた。娘の帰りが遅いのを心配した母親が電話すると、「男の人と一緒にいる」と返事が返ってきた。母親はてっきり同世代の男友達だと思い込み、「連れて帰りなさい」と叱りつけた。

ところが、家に現れたのは圧倒的な年齢差がある中年男で、玲子の母親は仰天した。だらしない服装で、腕には入れ墨があり、無数の根性焼きもあった。

父親である熊野とも対面し、熊野は1カ月ほど前に自分の自動車整備工場に訪ねてきた男だと気付いた。

「キミはいくつなんだ？」

「38です」

「仕事は？」

「無職です」

「結婚はしているのか？」

「していません」

「娘はまだ高校生だぞ」

「娘さんとは真剣に交際しています。本当に愛しているんです」

玲子はその横で何も言わず、うなずいているだけだった。動揺した両親は、とりあえずその日は青山の連絡先だけを聞いて、すぐに帰らせ、玲子を問いただした。

「どこで知り合ったんだ？」

「半年ほど前に、携帯電話のゲームサイトで…」

「彼のどこが好きで付き合っているんだ？」

「……」

「肉体関係はあるのか？」

「…ない」

玲子はそれ以上、何も話さなかった。熊野は「とにかく年齢差がありすぎる。青山との交際は反対だ」と説得したが、玲子は押し黙るばかりだった。

翌日、熊野は玲子の祖父にあたる実家の父親を訪ね、昨夜の出来事を話した。

「よりによって、何であんな男と…。娘はたぶらかされているとしか思えない」

「それなら玲子を連れて警察の生活安全課へ相談に行けばいい。青山は後からワシが警察に連れていこう」

熊野夫婦は玲子を連れて、さっそく地元警察署に相談に訪れた。一方、祖父は別行動で、青山の自宅を訪ねた。

「お宅の息子さんに孫がお世話になっているようです。ちょっと息子さんに会わせてもらえませんか？」

「また、何か息子が迷惑をかけたんですか…」

応対に出てきた母親によると、青山は子供の面倒も見ず、働きもせず、借金まみれで困っているとのことだった。

「親にも暴言を吐くので、始末に負えない。警察でも何でも突き出してほしい」

しばらくすると、青山が「オレに何か用か？」と言って玄関口に出てきた。祖父は冷静な口調で説き伏せた。

「成人を過ぎた男が15歳の娘を連れ回したらイカンだろう。悪く言えば、犯罪にも等しい。ちょっと警察まで付き合ってくれるか」

青山は玲子の祖父の車に乗せられ、警察署に連れていかれる途中、なぜか激しく動揺し、大声で泣き出した。

「もう2度とお孫さんには会いません。去年も別の女の子に同じことをして、警察に取り調べを受けました。今度捕まったら刑務所行きになる。勘弁してください！」

祖父は泣きじゃくる青山が哀れになり、「もう2度と会わない」と約束させて、息子の熊野に電話した。

「本人は反省して、2度と会わないと言っている。今回だけは警察に連れていくのは勘弁してやろうと思う。お前はどうだ？」

「お父さんがそう言うなら、それでいいです」

こうして青山は警察に突き出されるのを免れたが、警察は「娘さんからも事情が聞きたい」と言って、青山と性交渉があったかどうかを尋ねた。しかし、それでも玲子は真実を話さなかった。

それから1カ月後、玲子が突然、「お父さんとお爺ちゃんが殺される」と言って泣き崩れた。

「一体、どうしたんだ？」

熊野が理由を聞いても、泣いて首を振るばかり。

その2日後、玲子の母親が青山の車から降りてくる玲子の姿を見かけた。慌てて車に駆け寄ると、青山は脱兎のごとく逃げてしまった。

「どうしてまた会ってたの？　ワケを話しなさい」

それでも玲子は何も話さない。どうして玲子は黙り込んでいるのか。

だが、そのことを知った熊野と祖父は激怒し、2人で青山の自宅を訪れた。

「息子は出かけていますが…」

例によって、青山の母親が応対した。

「では、戻ったらすぐに連絡するように伝えてください」

その帰り道、青山の母親から電話があり、「息子が帰ってきた」と報告があった。それでもう一度引き返したが、青山は熊野が着く前に再び逃げてしまった。

熊野は激怒し、家に戻って玲子から青山の携帯番号を聞き出した。「今すぐ家に来い！」と呼びつけると、青山がふて腐れた様子でやってきた。

熊野は青山とソファーに座って向かい合い、「2度と娘には会わないと言ったのに、なぜ会ったのか？」と問い詰めた。しかし、青山は謝るどころか開き直り、逆に食ってかかってきた。

「お宅の娘から電話があったんだ。今日は彼女の誕生日だったから、プレゼントを渡した。それの何がいかんのだ？」

「何だと…」

2人は立ち上がってにらみ合い、熊野は用意していた包丁を突き出した。

「もう2度と娘には近づかないと約束しろ！」

しかし、青山は小バカにしたような態度で、「刺せるもんなら、刺してみろ！」と挑発した。

カッとなった熊野は、青山を突き飛ばし、倒れ込んだところを腹部めがけて突き刺した。その刺し傷は深さ19センチにも及んでいた。それほど父の怒りはすさまじかったのだ。

青山が「くそーっ…」と言って起き上がろうとしたので、熊野はさらにもう1度突き刺した。青山は虫の息となり、我に返った熊野は自分で110番通報し、駆け付けた警察官に緊急逮捕されたのである。

「自分と同年代の男が高校生の娘と交際しているのが許せなかった。被害者に挑発され、カッとなってしまった。娘はまだ人生経験が浅い。どうしても娘と別れさせたかった。事件当日も警察に相談していたが、『今回の件では事件にならない』と言われ、もう自分で動くしかないと思った。彼の2人の子供たちにも申し訳ないことをしたと思う。責任を持って、自分が面倒を見ていきたい」

熊野の事件は地元の同情を集め、1万2000人もの減刑を求める嘆願書が裁判所に提出された。事件後、玲子はすべての事情を打ち明け、「私のせいでごめんなさい。お父さんと代わってあげたい」と泣き崩れた。彼女は「言うことを聞かないと、家族を殺すぞ」と脅されていたのだ。

熊野は情状面を考慮されたが、懲役8年を言い渡された。もし、熊野と同じ立場に立ったとき、どうするのがベストなのだろうか。

男と女の性犯罪実録調書

# 婚約者を寝取られた〝医者の卵〟の怒りの復讐劇

東京発
『週刊実話』2018年4月26日号

大谷健介（30）は高校卒業後、大学で薬学を専攻していたが、医者になる夢が捨てきれず、24歳にして医科大に入り直した。

それから間もなく知り合ったのが別の大学の歯学部に通う鈴木美帆さん（28）だった。2人は出会ってすぐに意気投合。結婚を意識して付き合っていた。

美帆さんの方が先に歯科医師の免許を取得したので、研修先に決まった医科歯科大学付属病院の近くで同棲生活をすることにし、家賃15万円のワンルームマンションを借りた。

そこは美帆さんの同僚たちのたまり場にもなった。仕事帰りに打ち合わせをしたり、反省会を開いたりするのだ。その中に彼女の指導医の椎名和幸さん（41）も交じっていた。

大谷は彼女が社会人になってすぐのゴールデンウィークにプロポーズ。食事の席で指輪を渡し、「結婚してください」と頭を下げると、「ハイ」と受け取ってくれた。大谷は有頂天になった。

その後、お互いの両親へのあいさつも済ませ、結婚式の日取りも1年後に決定した。確実に前進しているという実感が湧くとともに、これからの人生を彼女とともに歩んでいくという厳粛な気持ちにも包まれていた。

異変が起きたのは、婚約して10日後のことだ。大谷は1人で実家に日帰りの用事ができた。彼女は休日で、例によって「昼過ぎから職場の先生たちが打ち合わせに来る」と言うので、ローストビーフを作っておいた。

大谷は夕方まで帰ってこないつもりだったが、午後3時過ぎには用事が終わったので、〈これから帰る〉とLINEした。しかし、いつまでも「既読」にならなかった。

自宅マンションに着き、エレベーターから降りるとき、ちょうどすれ違いざまに乗ってくる男性がいた。チラッと顔を見たが、同じフロアの住民ではなかった。玄関を開けようとすると、なぜかカギが開いている。部屋の中を見たら、遮光カーテンが閉め切られ、電気もついておらず、真っ暗だった。

「美帆、いるのか？」

彼女を探すと、洗面所の前に隠れるようにして立っていた。「ただいま」と声をかけると、顔を紅潮させ、明らかに動揺している。

「ビックリしたわ…」

それだけ言うと、トイレの中にこもってしまった。

（何か変だ…）

大谷が電気をつけて確認すると、寝室のベッドの掛け布団がめくれ上がっていて、彼女の下着が散らばっていた。その近くにティッシュの塊が落ちており、拾って嗅いでみると、確実に精子の臭いがした。これ以上ない浮気の証拠を目の当たりにし、大谷は美帆さんに詰め寄った。

「これはどういうことなんだ！　説明しろ！」

「違うの、違うの…、入れてないけどイッたの…」

彼女は泣きながら、浮気を否定した。

大谷はさっきエレベーターですれ違った相手が、美帆さんの指導医であることを思い出した。

「今すぐ椎名先生に電話をかけろ！」

カマをかけたつもりだったのに、美帆さんに携帯を手渡すと、「それはできない」と拒否。ますます相手が椎名さんであると確信を深めた。大谷は音声レコーダーを用意し、「もう一度、最初から説明してくれ」と求めたところ、「この状況では話せない」と言って、家から飛び出してしまった。

大谷はまた美帆さんが家に戻ってきて証拠を隠してしまうのではないかと思い、カギ屋を呼んでカギを付け替えさせた。

さらに弁護士に相談しようと、スマホで近所の法律事務所を検索。弁護士からは「民事で損害賠償を請求できます」という説明を受けた。その夜、大谷は旧知の友人たち2人と会って、このことを話した。

「そんなことを美帆ちゃんがするのかな。まだ婚約したばかりなんだろう？」

「だから、オレも信じられないんだ」

「浮気するんなら、ホテルなんかがたくさんあるのに、何でそんな場所でするのかな。お前が帰ってくることも分かっているのに、そんな場所で、そんな時間にすること自体がおかしいんじゃないか？」

「それもそうだな…」

大谷はここで初めて「彼女が被害者だった可能性」について考えた。その夜、美帆さんにも電話した。

「結局、浮気をしたの？　してないの？」

「私がそんなことをすると思ったの？」

「オレは真実が知りたいんだ」

「確かにそういう雰囲気に持っていった私にも責任があります。でも、私ができないと言うと、相手も理解して自分で出しました」

だが、美帆さんは電話を録音されていることに気付くと、一方的に切ってしまった。大谷はますます疑惑を深めた。

その後、美帆さんは何度も〈説明させてほしい〉というLINEを送ってきたが、大谷は「どうせ本当のことを話さないだろう」と無視していた。

椎名先生を敵に回したら、自分の歯科医師としてのキャリアを無にしてしまう。ということは、椎名先生が立場を利用して強引に迫ったに違いない。浮気なのに避妊具も使わないなんて、医者としてあまりにも無防備だ。それでもなお、彼女のことを信じたいという気持ちもあった。

大谷は再び弁護士と連絡を取り、事情を話したところ、「それでは刑事告訴するのは難しい。彼女が自分から家に上げていて、ベッドまで一緒に行って、そういう雰囲気になったことを認めているのであれば、強姦事件としては立件できない」ということだった。仮に強要があったとしても、最終的には金で解決することになるだろうと言われた。

「オレは金が欲しいわけじゃない。このままじゃ納得できない。こうなったら法を超えた手段で復讐してやろう。それには職場で襲うのが一番だ。ニュースにもなるだろうし、社会的制裁も加えられるだろう」

大谷はミリタリーショップでナイフホルダーを購入し、3本の刃物を用意した。そのうちの1本は2人がローストビーフを食べるのに使った牛刀だ。歯科医はマスクをつけて仕事する機会が多いので、それでも隠し切れない場所に傷をつけてやろうと、自宅からペティナイフを持ち出した。

事件当日、大谷は包丁3本を持って美帆さんと椎名さんの勤務先である医科歯科大学付属病院に行き、トイレで白衣に着替えた。6階の診察室に上がると、椎名さんがパソコンに向かって作業をしていた。

「椎名先生…」

一声かけ、振り返った椎名さんに対し、大谷はいきなり牛刀で右脇腹を突き刺した。

「てめえ、何てことしてくれたんだ！」

大谷と椎名さんは椅子ごと床に倒れ込み、大谷は周囲の目も気にせず、椎名さんに馬乗りになって、顔面付近をペティナイフで執拗に刺しまくった。

「おい、もうやめろ、いい加減にしろ！」

他の男性医師が3人がかりで止めに入った。椎名さんは血まみれになり、そのまま外科に運ばれ、緊急手術を受けた。全治3週間の重傷だった。

大谷はそれ以上暴れることはなく、落ち着いた様子で警察の到着を待った。大谷は殺人未遂の現行犯で逮捕された。

「合法的な手段では、どっちみち金で解決されてしまう。殺意はなかった。一生残るような傷をつけてやろうと思った」

美帆さんは「椎名先生から私が関係を強要されたと勘違いし、私を守るために刺し、そこまで追い詰めてしまったかと思うと、心が痛んでいる」と話した。大谷は大学を除籍処分となり、目的を達成した代わりに婚約者を失い、医者になる夢も棒に振った。

裁判所は「婚約者と関係を持った男性に憎しみを抱くのは理解できるが、過度な復讐と言うほかない」と断罪し、懲役7年の実刑判決を言い渡した。

大谷は結果に満足しているのだろうか。美帆さんと椎名さんが受けた被害も甚大で、職場への復帰の目途も立たなくなった。

男と女の性犯罪実録調書

# 9年前に殺されていたスナックママの遺族が〝犯人〟を許した理由

三重発

『週刊実話』2008年6月5日号

篠田瑠美子（40）は発展家の女だった。高校を中退し、17歳で大工と結婚。1年後に長男、3年後に長女をもうけたが、生活に困窮すると、まだ乳飲み子だった長女を残して浮気相手と駆け落ちしてしまった。

最初の結婚相手とは5年後に離婚。8年後にフラッと実家に戻ってきたときには、別の交際相手を連れていた。

「私、喫茶店で働いててん。この人と結婚することにしたから」

25歳のとき、その男性と再婚した瑠美子は、26歳で次男を、28歳のときには次女を出産した。だが、また同じような理由で家を出ていき、29歳のときに離婚した。

4人の子供たちは瑠美子の母親が育て、再び瑠美子が戻ってきたとき、一緒に連れてきたのが林育郎（59）だった。

林は勤務先のスナックで知り合った客だった。不動産関係の仕事をしており、瑠美子のスナック開業の手伝いをして急接近した。林にも別居中の妻がおり、2人の娘もいた。

「もう妻とはやり直すことはできない。2人の娘が嫁いだら、籍を入れて正式に夫婦になろう」

瑠美子の信頼を勝ち得た林は、4人の子供たちのいる瑠美子の実家に〝夫〟として入り、子供たちの学校行事や地域活動にも参加した。

最初は嫌がっていた子供たちも、徐々に林になじんでいった。特に高校生になっていた長男は、〝父親〟として真剣に向き合ってくれる林の心意気を感じ、何でも相談するようになった。また、瑠美子の父親が起こした交通事故の後始末も林がしてくれた。同居して5年。林はすっかり〝夫〟としての地位を築いていた。

ところが、瑠美子はまたスナックの客と恋仲になった。相手は地元のエリートサラリーマンの小田政文（40）という男だった。離婚後、独り身の寂しさから瑠美子のスナックに入り浸るようになり、わずか1カ月で男女の関係になった。瑠美子は店を閉めると、小田の自宅に通うようになった。

小田は瑠美子に心を奪われ、結婚を意識して付き合っていたが、2カ月ほどして内縁の夫がいることを瑠美子に打ち明けられた。瑠美子はこう話した。

「もうあの人には愛情はない。あなたを愛している。あの人は籍も入れてくれないし、稼ぎも少ない」

ヒモのような男に貢がされている不幸なスナックママ。小田の目にはそう映った。その後、林が小田の存在を知り、小田の自宅近くまで様子を窺いに来るようになっても、小田は毅然とした態度で突っぱねた。

「アンタじゃ瑠美子を幸せにできない。とっとと家を出ていくんだな」

やがて瑠美子はほとんど自宅に帰らないようになり、そのことを知った親族らは、瑠美子の態度に怒りを覚えてスナックに乗り込んだ。

「瑠美子、いい加減にしろ。林さんや子供たちを何だと思ってるんだ！」

特に瑠美子の双子の弟が怒っていた。嫌がる瑠美子を強引に家に連れて帰り、軟禁状態にして問い詰めた。

瑠美子が暴れて抵抗するたび、それをいさめて殴りつけた。それを忍びない思いで見ていた林は、自分の見張りの番になると、瑠美子をこっそりと逃がしてやった。

「すまん、ウトウトしている間に瑠美子に逃げられてしまったんだ…」

親族は「小田に拉致されたに違いない」と警察に相談したが、瑠美子と小田は自ら警察に出頭して事情を説明。その後、瑠美子はまったく自宅に戻らなくなった。

「そろそろ店を再開したいから、いったん家に戻って準備するけど、心配しないで。私の心はあなたのものだから」

5カ月後、瑠美子は何食わぬ顔で自宅に戻ってきた。林と顔を合わせても知らん顔だった。林が話しかけようとすると、口汚く罵り、それを見ている子供たちのほうが肝を冷やした。

「林さん、大丈夫？」

「大丈夫だ。お母さんが目を覚ましてくれるのを待つしかないよ」

相変わらず、瑠美子は小田の家に入り浸り、たまに戻ってきても朝帰り。掃除も洗濯も一切しない。林がそれを代行し、４人の子供たちと瑠美子の両親のために働いているようなものだった。

そんなある日、林が瑠美子のスナックが入るビルの前を車で通りかかったところ、瑠美子の愛車が開店前に止まっているのを発見した。「ひょっとしたら話せるチャンスではないか」と思った林は、誘蛾灯に引き寄せられるようにビルの中に入っていった。スナックのドアを開けると、瑠美子が１人で開店準備をしていた。

だが、林の姿を見ると、キッとなって、「何か用？」と不愉快そうに答えた。

「話がしたいんだ…」

「私は話なんてない！」

「そんなこと言わないで。小田や子供たちのことで…」

「私はアンタと同じ空気を吸うのもイヤなんや。アンタなんか大嫌い。最低。もう店に来んといて！」

そのセリフを聞いたとき、林の中で何かが壊れた。カッとなって、その場に押し倒し、「これで終わりにするしかない！」と馬乗りになって、瑠美子の細い首を絞め続けた。

「小田とはあの世で会わせてやる。あの世で仲良くすればいいじゃないか！」

ぐったりした瑠美子は、その場であっけなく絶命した。林は慌てて遺体を自分の車のトランクに運び、店のドアには「休業中」の張り紙をして、その場から立ち去った。

それから数日間、遺体をトランクに入れたままで生活していたが、異臭がしてくるのではないかと気になり、仕事で訪れたことがある山中の養豚場跡地に運んだ。瑠美子の遺体を全裸にしてみると、蝋人形のように真っ白だった。

「ガマンにも限界がある。小田と関係を持つから、オレに殺されることになったんだ…」

林は準備していた草刈り機で、瑠美子の両腕、両足、頭、胴体を切断した。それぞれの部位を新聞紙でくるんで、ポリ袋に厳重に詰めた。両手と両足は焼却場で燃やすことにし、頭と胴体は山中に埋めることにした。林は誰も入ってこないような保安林に頭と胴体を3カ所に分けて埋めた。

その後も林は瑠美子の家族たちと1年以上も同居を続けた。妻に逃げられた哀れな夫を演じ、瑠美子の家族たちは「またフラッと戻ってくるに違いない」と誰もが考えていたのだ。林は「もうここはオレの居場所じゃない。病気になったから、迷惑はかけられない」と告げて、瑠美子の家族の前から姿を消した。

それから9年の歳月が流れた。瑠美子の父親はすでに他界していた。母親も83歳になり、「私もいつ死ぬか分からない。死ぬ前にもう一度、瑠美子に会いたい」と言い出した。

30歳になっていた長男は、小田に掛け合いに行ったが、小田はすでに別の女性と再婚していた。瑠美子のことを尋ねても、「知らない」と繰り返すばかり。警察に捜索願を出したものの、ついに瑠美子の行方はつかめないままだった。

瑠美子の行方が判明することになったのは、思わぬことがきっかけだった。車庫飛ばしの事件で、林が参考人として呼ばれたとき、刑事にこんなふうに諭されたのだ。

「アンタが言っていた親戚の家には瑠美子さんが行った形跡はなかった。我々も捜査している間に複雑な事情はよく分かった。だけど林育郎、人間としてどうなんだ。瑠美子さんを家族のもとへ帰してやれるのは、アンタしかいないんじゃないのか。おてんとさんは何でも見ている。何でも知っている。瑠美子さんを家族のもとに帰してやれよ」

ひたすら情に訴えかける刑事を前に、林は泣き崩れ、殺害と死体遺棄を自供したのである。

「9年間、苦しかった…。いつか言わなければならないと思っていた…。瑠美子には本当に申し訳ないことをした…」

死体遺棄については時効が成立していたため、林は殺人罪でのみ起訴された。だが、遺体は頭部だけしか見つからなかった。9年という歳月は、〝犯人〟に遺体の隠し場所さえ忘れさせてしまったのだ。

一方、法廷で驚かされたのは、被害者の遺族が「林さんを恨みに思う気持ちはない。何とか寛大な処分をお願いしたい」と願い出たことだ。特に瑠美子の長男の意見陳述は信じ難いものだった。

「当時の林さんと同じ立場に立ったら、自分ならとても耐えられないことです。母は林さんより浮気相手を選んだ。正直な話、私たちは林さんより浮気相手に責任を取らせたいところです。林さんは父親として、自分たちに真剣に向き合ってくれました。林さんは加害者であると同時に、母や浮気相手の被害者でもあると思います。林さんが母の冥福を祈りたいと言うのであれば、一刻も早く私たちの前に姿を見せてほしい。そして、一緒に母の弔いをしてほしいです」

林はその言葉を聞きながら、すすり上げるようにして泣いた。林に下された判決は懲役9年。林は控訴することなく、服役した。

男と女の性犯罪実録調書

# アットホームな山麓のシェアハウスは「盗撮の館」だった

兵庫発

『週刊実話』2018年10月25日号

岩倉恭介（60）は53歳のとき、4度目の結婚をした。しかも、今度は娘ほども年の離れた30代の女性だった。

結婚して翌年には長男が誕生。だが、長男が発達障害を持って生まれてきたので、妻は子供にかかりきりになった。岩倉は家事全般を請け負うことになり、少しでも収入を増やそうと土日もアルバイトに出かけることになった。

「だったら、シェアハウスをしましょうよ。家の2階を仕切ったら、3部屋ぐらい取れるんじゃない？　その人たちから家賃を取ればいいのよ」

岩倉は妻の提案に賛成した。妻と2人で面接し、女性だけを入居させることにした。家を空けることが多い岩倉が「男を入れて、嫁に浮気されたらかなわん」と反対したからだ。夫婦はアットホームな雰囲気をアピールし、家賃は「月4万円」とした。

まもなく妻は第2子となる次男を出産した。だが、この次男も先天的な難病を抱えて生まれてきたので、妻は飼い主の代わりに犬の散歩をするなどの便利屋を始めた。そんな夫婦を見ていたシェアハウスに住む女性たちは、夫婦を助けるために〝家事〟や〝育児〟を積極的に手伝った。まさに家族同然の付き合いで、女性たちもオーナー夫婦を信頼していた。

ところが、岩倉はシェアハウスを営むようになってから、よこしまなことを考え始めていたのだ。

一つ屋根の下に、若い女性が常に3人ほどいるという状況は、これまでに経験したことがなく、彼女たちのプライベートを知りたくてたまらなくなった。

そんなときに、テレビで盗撮犯の手口を検証する実録番組を見た。小型カメラを靴に仕込む手口などを見て、「今じゃ、こんな方法があるのか」と驚いた。

岩倉は電気街に出かけていき、そこで、どう見ても盗撮機には見えないグッズがたくさんあることを知った。万年筆型、メガネ型、スマホの充電器型、テレビのリモコン型、ライター型、コーヒーカップのフタに偽装したものまである。人が動くと撮影を始めるという優れモノもあった。撮った映像は回収しに行かなければならないが、それは自宅で使う以上、問題ない。

「こいつはスゴイ…」

岩倉はボールペン型（約2万円）と腕時計型（約2万円）のカメラを気に入り、その場で購入。シェアハウスの女性たちも使う自宅の風呂場の脱衣所に仕掛けておくことにした。

何も知らない女性たちが入浴した後、岩倉は風呂掃除をするフリをして、カメラに映った映像を回収。パソコンに落として、女性の名前ごとにフォルダを作り、年月日別に保存していた。

　事件発覚の約2年前には第3子となる三男も誕生。還暦も近いのに3人の子供たちの父親になり、子供たちには好かれていたが、三男も先天的な難病を抱えて生まれてきたので、3人そろって特別支援が受けられる保育園に入園させなければならなかった。岩倉の経済的負担はますます膨らんだ。

　だが、そんな夫を若い妻は何らおもんぱかることはなく、「アンタ、年齢のわりには給料が安いよね」「もう少し早く帰ってきて家の手伝いもやってよね」「子供たちと旅行に行ったり、遊びに行く金も欲しいじゃん。もっと稼いでよね」などと、常に文句ばかり言っていた。

　岩倉はその精神的バランスを取るためにも、密かな盗撮をやめられなかった。

　ある日、シェアハウスの住人の1人で、スナックホステスをしているユキナさん(21)が、深夜にベロベロに酔っぱらって帰ってきたことがあった。

　岩倉はその様子に気付き、ソーッと階段を上がって、2階のユキナさんの部屋を見に行った。ちなみに、シェアハウスの各部屋にはカギが付いていない。ユキナさんはスカートがめくれ上がった状態で、ベッドに突っ伏して寝ていた。

岩倉はスマホを手に持ち、ユキナさんに気付かれないように上着を脱がし、ブラジャーを外した。そこには、いつも盗撮で見慣れている乳房があった。

「ユキナちゃんはベビーフェイスで小柄だけど、スタイルもいい。だから、客が付くのかな？」

そんなことを考えながら、岩倉はストッキングとパンティー越しに、ヴァギナをやんわりと撫で上げた。岩倉は異常な興奮を覚え、「もう気付かれてもいいや」と開き直り、ストッキングとパンティーを脱がせて全裸にした。

「ああっ…、うーん…」

ユキナさんはときどき、寝ぼけているようなよがり声を上げた。岩倉は露出した女体を撫でさすり、ドス黒い感動に酔いしれた。

「この子とヤレたら、どんなに幸せだろう…」

さすがに、それ以上の行為には及ばなかったが、その一部始終をスマホで撮影し、その映像を何度も見ては喜んでいた。もちろん、その秘密はユキナさんはおろか、家族や他のシェアハウスの女の子たちにも気付かれていなかった。

それから1年8カ月後、ユキナさんがシェアハウスを出ていくことになった。他のメンバーは惜しみながらも見送ったが、岩倉だけはガマンできないほど未練を募らせていた。

〈また会ってくれへんかな?〉

〈また遊びに来ますよ〉

〈そうじゃなくて…、2人きりで会いたいんだよ〉

〈えっ、どういうことですか?〉

〈援交でもええから、エッチさせてくれへんかな〉

〈何を言ってるんですか!〉

〈ユキナちゃんには、私の誘いを断れない理由があるんだよ〉

岩倉は愚かにも、自分が撮影したユキナさんの裸の写真を添付して送った。身に覚えのない写真を突然送られ、ユキナさんは混乱し、「怖いし、気味が悪い」と警察に相談した。

これを受けて警察は岩倉を強要未遂の疑いで逮捕した。自宅のパソコンを調べたところ、ユキナさんを凌辱した際の動画が見つかった。これが動かぬ証拠となり、岩倉は準強制わいせつ容疑でも再逮捕された。

「ん? ちょっと待て。何でシェアハウスの女性全員の名前があるんだ。全員が被害者ということか?」

そこには岩倉が何年にもわたって撮り溜めした脱衣所での盗撮映像が保存されていた。そのことを知った女性たちは衝撃で言葉を失った。心から信用していた父のような人物に裏切られ、プライバシーを丸裸にされていたのだ。

「何ですか、これは！」

女性たちは怒って出ていった。シェアハウスはその日限り、開店休業状態になった。事件のことを知られ、勤務先やアルバイト先もクビになった。妻子は突然、路頭に迷うことになった。

「私の軽はずみな行動で、家族に迷惑を掛けて申し訳ない。家にいつも若い女の子たちがいて魔が差してしまった。あまりにも簡単にできるので、罪悪感が湧かなかった。今後は子供たちのために死ぬ気で働く。もう2度としない自信がある。だから〝治療〟にも行かない。携帯も持たない。パソコンも処分したし、画像は一切残っていない。だから、刑務所へ行くことだけは勘弁してください」

被害者の女性たちは全員が１００万円の示談金を拒んで厳罰を求めたが、現実に岩倉を刑務所に行かせるのは難しいだろう。ユキナさんの事件は実刑になるほどではなく、盗撮は罪が軽いからだ。

現在、盗撮行為は各都道府県の迷惑防止条例などで取り締まれるとはいえ、条例は健全な社会風紀を乱すことを焦点にしていて、被害者の性的な被害についてはあまり頭にないのが欠点だ。

しかも刑罰が軽すぎる（1年以下の懲役又は100万円以下の罰金）上、私的スペースは処罰の対象外とされるなど、規制は十分とは言えない。

盗撮は性犯罪である。刑法に「盗撮罪」を制定しなければ、盗撮犯はいつまでも同じことを繰り返すだろう。

男と女の性犯罪実録調書

# 「スイッチが入ったら止められない」史上最悪の28人連続暴行魔

大阪発

『週刊実話』2008年3月13日号

　ワンルームマンションで就寝中だった女子大生の岩崎香織さん（22）は、ベッド脇に立つ男の気配に気付いて目を覚ました。

「声を出すな。騒いだら目ん玉を刺すぞ！」

　暗闇の中、目出し帽をかぶった男は顔面にナイフを突き付け、強烈な脅し文句を浴びせた。

　何が起きたのかも理解できない香織さんの衣服を剥ぎ取り、乳房を吸い始めた男は荒々しく女性器をまさぐり、イチモツを口の中に突っ込んだ上、当然のように強姦、膣内射精した。

　その後、男はテレビ台の引き出しに入っていた現金14万円や学生証などを奪い、「警察に言ったら、この写真をバラまくぞ」とデジカメで撮った画像を突き付け、その場から立ち去った。

「またやってしまった…」

　男は闇金業者の本田誠士郎（44）。知人の紹介で暴力団が営むトイチの闇金業者になったものの、温厚な性格が災いして、客に逃げられたり、居直られたりして、ちっとも債権回収が進まなかった。

イライラを募らせた本田は、取り立てに行って失敗に終わるたび、その鬱憤を晴らすために近所で好みの女性を見つけ、強姦するついでに金も奪うようになったのだ。

フリーターの吉野美保さん（22）はデートの帰り道、彼氏に自宅まで送ってもらい、別れを惜しんでマンション前でイチャイチャしていた。

それを通りかかった本田が見て、「1人になったところを狙えば強姦できるのではないか」と考え、美保さんのマンション内を探索し、強姦できる場所はないかと下見。ちょうどエレベーターホール横の階段の下に踊り場があったため、そこに身を潜めて、美保さんがマンションに入ってくるのを待った。

エレベーターホールにやってきた美保さんを見ると、すかさずナイフ片手に忍び寄って、「大人しくしろ。こっちへ来い！」と言って、踊り場に連れ込んだ。

「キャーッ！」

美保さんは悲鳴を上げて、とっさにナイフをつかみ、指を裂傷するケガを負った。

「静かにしろ。こうなったら、どうなるか分かるやろ。指をちょん切られたいか？」

スイッチが入った本田は構うことなく、下着を脱がし、唾液を垂れ流すように陰部を舐め、膣内にペニスを挿入した。嫌がる女を屈服させる、この征服感こそ本田の醍醐味だった。本田は美保さんの膣内に精液をぶちまけると、「また来るからな」と捨てゼリフを吐いて逃走した。

本田の異常性癖は高校時代から始まっていた。もともとは女性の太腿に興奮を覚える足フェチで、スカートの奥に見えるチラリズムは、それがどんな年齢層であっても本田の股間を刺激した。ミニスカートで歩く女性や、自転車に乗った女性を見ると、それを押し倒して強姦できればどんなにいいだろうと空想していた。

21歳のとき、ガマンできなくなった本田は自転車に乗っていた小学生女児にわざと車をぶつけ、病院に運ぶふりをして強姦するという事件を起こして逮捕された。初犯にもかかわらず、懲役2年の実刑判決を受け、23歳まで服役した。

ところが出所すると、また自転車に乗った女子高生に車をぶつけ、介抱を装いながら草むらに連れ込み、鉄パイプで殴って強姦するという事件を起こし、今度は懲役4年を言い渡された。

「もう2度としません。申し訳ありませんでした！」

法廷で本田は涙ながらに反省の弁を述べたが、それはさらなる凶悪な事件を起こす序章でしかなかった。

本田は風俗店にはまったく興奮できないタチだった。ルールを決められ、従順な女性が笑顔でサービスする行為には、性的興奮が得られなかったのである。「今日はお仕事帰りですかぁ?」という無用なコミュニケーションも、本田にとっては苦痛なだけだった。

「こんなもの、何が楽しいんだ。単なる金のムダじゃねえか」

それでも出所後は闇金業者になったことで羽振りも良くなり、33歳で結婚。一人娘ももうけた。

だが、不況が進むにつれ、顧客は思うように集まらず、その客が回収不能に陥ったりして、本田自身が暴力団から借りた元手の利息に苦しむようになった。月1割の利息で原資を借り、それをトイチで客に貸し出すのである。モタモタしていると、自分自身が借金に苦しむという構造だった。

「何やってんだ、てめえは。せめて利息だけでも入れねえと、臓器を売りとばすぞ!」

ヤクザに脅され、生活が傾くにつれ、妻との折り合いは悪くなり、5年後には離婚。本田には原資の借金が重くのしかかり、それを一挙に解決する方法として、強盗強姦を始めたのである。

本田が新たに考え出した強姦手口は、ガス点検業者を装い、マンションを訪問するというものだ。応対に出た女性がドアを開けるや、千枚通しを突き付け、「こいつで脳みそまで串刺しにされたいか！」と言って、強姦するのである。

小学生を襲ったこともあった。帰宅途中の須田君子ちゃん（10）を見つけた本田は、自宅まで尾行し、インターホンを鳴らした。

「お父さんやお母さんはいますか」

「いいえ、私1人です」

「ガスの点検をさせてもらってもいいですか」

「はい、どうぞ」

疑うことなく家に招き入れた君子ちゃんを襲い、服を脱がせて全裸にし、イチモツを挿入しようとしたが、君子ちゃんが痛がって失敗。そこで陰部を触りながらマスターベーションを始め、陰部付近にふりかけるように射精した。

甲斐恵理子ちゃん（12）を襲ったときは、恵理子ちゃんが通りかかる道を先回りし、自分の財布を落として、それを拾ったところを認めるや、「この辺に財布が落ちてなかったか。おまえが取ったんだろう。金が少ない。一緒に交番へ来い」などと言って車に連れ込み、人気のない場所で強姦するという事件も起こしていた。

たまたま目に付いた10代前半から30代前半までの女性数十人を片っ端から襲い、それで自分の歪んだ精神的バランスを保っていたのである。

そんな本田にも危ういときがあった。いつものように強姦しようと、ガス点検業者を装ってマンションを訪問したところ、不審者とみなされ、住民に通報されたのだ。駆け付けた警官は、住居侵入の現行犯で逮捕。しかし、本田は「強姦目的ではない。ノゾキが目的だった」とシラを切った。

結局、住居侵入の罪だけで起訴された本田は、罰金10万円を言い渡され、からくも悪事の発覚を免れた。

「ちくしょう。こんな手口じゃ、いつパクられるか分かったもんじゃねえ。もっといい方法はねえのかよ」

そんなとき、本田は新聞で高層マンションに住む女性ばかりを狙った強姦魔が逮捕されたという記事を読んだ。その男が「高層階に住む女性は警戒心が薄く、施錠されていない部屋が多かった」と供述していることを知り、「自分もその手でいこう」と決断。あらかじめ昼間に下見し、女性が1人で住んでいる部屋の目星をつけ、深夜に忍び込むようになった。

「大人しくせい。殺されたいんか。オレを見たら、目をつぶすぞ！」

ナイフを突き付け、両手を緊縛し、体中を舐め回しては、決まって膣内で射精。その様子はデジカメで撮影し、「警察に言ったら、ネットでバラまくぞ」と脅し、室内にあった現金などを奪った。「お金はあげますから強姦しないでください」と懇願した被害者には口腔性交を強要。かろうじて強姦を免れた被害者にも、顔面に精液を浴びせて逃走した。

警察では被害者からの申告を受け、防犯カメラやNシステム（ナンバー自動読み取り装置）などから犯行現場を走る不審な車を絞り込み、警戒を強めていたところ、あるマンション前にマークしていた車が止まっているのを発見。戻ってきた男に任意同行を求めたところ、容疑を認めたので逮捕した。

本田に付けられた罪名は強盗強姦、強盗強姦未遂、強姦、強姦未遂、強姦致傷、わいせつ誘拐、強盗、窃盗、住居侵入…。実に28人の女性に対するわいせつ行為で起訴された。これは平成時代では最多人数だった。

「自分の中に得体の知れない何かがある。スイッチが入ると理性で止められない。だけど、自分も人を苦しめるために生まれてきたんじゃない。自分の犯行手口は再犯防止に役立ててほしい。自分がこんなことをしてしまう根本的な原因が分からない。捕まる前に死のうと思ったけど、結果的に死にきれませんでした」

本田が強姦した24人の被害者のうち、22人が膣内射精されていた。まさに最悪の強姦魔である。裁判所は「被害者の受けた恐怖感や屈辱感の衝撃は、筆舌に尽くし難い過酷なものであった。他に類例を見いだし難い、まれにみる悪質重大事件だ」と断罪し、求刑通り本田に無期懲役を言い渡した。

男と女の性犯罪実録調書

# 少女が自分から落ちてくるのを待つ児童ポルノ製造組織のボス

大阪発

『週刊実話』2020年4月30日号

小倉健一（40）は筋金入りのロリコンマニアだ。以前は出会い系アプリで少女を物色していたが、年齢制限を設けられて少女が利用できなくなったので、ゲームサイトに移行。小倉が目を付けたのは、少女に人気がある着せ替えアプリだ。

キャラクターに自分の好きな服を着せることができ、利用者同士で会話をしたり、アイテムを贈り合うことも可能だ。小倉は大学生や20代の男を装い、蓄えた知識でアニメやゲームの話をしたり、親身に相談に乗るなどして、徐々に少女の心に入り込んでいった。そして被害者の少女と性行為に及ぶばかりか、それを動画に撮って楽しんでいたのである。

その一方で、同好の士をネットで探し、お互いのコレクションを交換するなどしていた。

目の肥えた児童ポルノコレクターは、映像の一部を見ただけで、出回っていないものかどうか判断できるので、小倉の動画は引く手あまただった。やがて小倉は金銭を要求するようになり、彼らは「いくら金を積んでも欲しい」という上客になった。

2年前、小倉はそういうコレクターたちに児童ポルノを販売しているうち、警察にバレてお縄になった。

調べに対し、小倉は「自分も小学生が好きで、高値で売れるので、趣味と実益を兼ねていた。ロリコンマニアにとって、小学生のオリジナル動画は、いくらお金をつぎ込んでも欲しい宝物だ」などと供述した。

裁判所は「被害児童も多く、不特定多数に販売するなど、極めて悪質な犯行だ」と断罪し、小倉に懲役1年6カ月の実刑判決を言い渡した。

だが、小倉はちっとも懲りていなかった。仮釈放されると、さっそく犯行を再開し、前回の事件で押収されずに残っていた動画を使って、マニアとの個人取引を始めた。

大胆極まりない犯行ながら、それではサイバーポリスがいつ客を装って接触してくるか分からないので、『SCK倶楽部』という組織を作って、厳格な入会資格を設定した。

SCKとは小学生・中学生・高校生を意味する。客には運転免許証や携帯電話番号のほか、所持する児童ポルノの動画を3本ほど送らせた。

この条件がクリアできない客は、遠慮なく断っていた。一方で、見たことがないオリジナル動画を持っている客からは買い取ることもあった。

会員になれば、小倉が制作した『SCK倶楽部』のロゴが入ったサンプル映像を試聴することができ、1本20〜30万円で購入できた。約20人が会員となり、わずか9カ月で約900万円を売り上げていた。

だが、これだけの鉄壁の牙城を築いても、客の動きまでは制御できなかった。

さらに転売して儲けようという不埒な輩が出てきて、そのうちの1人が捕まった。当然ながら、流通ルートを追及され、小倉の『SCK倶楽部』が浮上。小倉は児童ポルノ製造容疑でまた逮捕された。

取り調べでは、小倉は売った事実は認めたものの、あとは完全に黙秘した。小倉の自宅からは約3万点の児童ポルノが押収されたが、弁護士から「前回の事件の分は、これ以上罪に問われることはない」というアドバイスを聞いて、小倉が言うところの「旧作ファイル」についてはパスコードを教えたが、新しい被害者らの動画が保存されている「新作ファイル」については、頑としてパスコードを教えなかった。

このため、捜査当局は小倉が動画を売った相手から押収したり、編集に失敗して削除したファイルの中から動画を復元したりして、被害者を割り出すしかなかった。

だが、小倉の〝作品〟は必ずと言っていいほどインタビュー形式で始まり、相手の名前、学校名、年齢などを答えさせていた。

ある被害者の場合、連れ込まれたホテルの看板が映っていた。その画像をもとに現場となった部屋まで特定。被害者が地元の少女であることを語っていたため、地元の小学校を総がかりで当たって、被害者を特定させた。その少女は「19歳の大学生と聞いていた。ＬＩＮＥで会話するうちに、会いたくなってしまった」と供述した。

また、別の被害者の場合は小学校名をはっきり口にしていたので、そこから被害者を割り出した。ただ、小倉は「あれはレイプではない」と言い訳し、少女も「入れられなかった」と認めていたので、この一件は強制性交等未遂事件として立件されることになった。

他にも小倉が動画を売った相手から押収した映像の中には、小倉が少女と会話し、服を脱がせて手淫や口淫、本番までこなす映像が残っていた。これも少女が「○○小学校6年2組」と語っていたので、被害者を特定。被害届の提出を受けたが、少女は「これまで誰にも話したことはなかった。動画が拡散したらどうしようと、考えるだけで吐き気がする」などと話した。

少女らは親の知らないところで男たちと出会い、甘言を絡めて誘い出され、性的な被害に遭っていた。それが被害であるという実感すらないのが恐ろしいところだ。

小倉は「普段、誰にも言えない悩みを抱えているような子もおり、親身になって相談に乗ってあげることで、なくてはならない存在になることができる。女の子たちは見捨てられたくない一心で、どんな要求にも応えてくれるようになる」などと取り入る手口を供述した。

その例が顕著だったのが、被害者の1人であるシズカさん（12）のケースだ。

事件の1カ月前、シズカさんの着せ替えアプリのアカウントに「20代」を名乗る男が接触してきた。

アプリ内でアニメなど趣味の話をするようになり、男は「これからはLINEでやり取りしよう」と提案してきた。

やり取りの場がLINEに移ると、男はプライベートな質問ばかりしてきた。

〈もう初潮はあった？〉

〈うん〉

〈大人じゃん〉

〈そうでもないよ〉

〈彼氏いるの？〉

〈中学生の彼氏がいる〉

シズカさんが家庭環境において〝闇の部分〟を抱えていることを知ると、〈もっとあなたのことが知りたい〉と言って、甘言を絡め、裸の写真を送らせた。

〈一度、会おう〉

シズカさんは男と会う約束をした。

800キロ以上も離れた都市から〈あなたのためにだけ行く〉と言われ、恐縮した。ところが、いざ会ってみると、「お父さんみたいなオジサン」だった。それでも一緒に商業施設のゲームセンターで遊ぶなどした。

「日帰りはできないから泊まることにする。明日はドライブへ行こう」

翌朝に待ち合わせして、男の車に乗ったが、連れていかれたのはラブホテルだった。

「記念のビデオを撮るだけだよ」

男は室内で三脚を立て、ビデオカメラをベッドの近くにセットすると、突然、シズカさんを抱きしめた。

「キャーッ！」

シズカさんは悲鳴を上げたが、男の行為は止まらなかった。服を脱がされ、胸を見られ、「LINEで見たのと同じだね」と言われた。まぎれもなく、自分はこの男とやり取りしていたのだ。

カメラの前で自己紹介するように言われたシズカさんは、しょせんプライベートなことは全部知られているとあきらめ、素直に言うことを聞くと、男が覆いかぶさってきた。

シズカさんには男の強制性交から逃れる術がなかった。

「それ以来、会わなかったが、恥ずかしくて誰にも言えなかった。最初は暇つぶしでやり取りしていたけど、相手が親身になって自分の悩みを聞いてくれるし、家にいても息苦しいから会ってしまった」

ここが巧妙なところなのだ。SNSを経由して出会う男たちは決して焦らず、少女が自分から落ちてくるのを待つのである。

小倉は8人の少女に対する強制性交等、強制性交等未遂、青少年愛護条例違反、児童ポルノ製造などの罪で起訴された。

年齢制限のないゲームサイトも問題だが、こういう常習犯のために日本も「犯罪者登録法」は作るべきではないのか。

男と女の性犯罪実録調書

# 強制性交としか見なされなかった自称ミュージシャンと少女の恋

東京発

『週刊実話』2018年3月15日号

丹羽太郎（29）は私大スポーツ科を卒業後、サラリーマンとして就職。そこが典型的なブラック企業で、精神も肉体も崩壊寸前になった。

27歳のとき、「自分の人生はこれでいいのか」と疑問を抱き、脱サラを決意した。「好きな音楽で食べていこう」とアマチュアバンドのメンバーに加わり、ピアノの弾き語りを始めたが、これがまったく芽が出なかった。

そんなときにお笑い芸人が扮する架空のアーティストが、ネットを通じて世界的な有名人になったというニュースを知った。

「そうだ、オレもユーチューブやニコニコ動画に投稿して、ネットアーティストとして一花咲かせよう」

そこで丹羽は自分で作詞・作曲したというオリジナル曲をネットにアップし、「昭和世代は知らない若者に人気のシンガーソングライター」「インターネットから世界へ。日本の音楽はクソだからぶっ壊したい」といったキャッチフレーズを掲げて活動を始めた。

♪元気出せよ…

♪ずぶ濡れの子猫みたいな君が愛しくて

♪かけがえの無い気持ちが生まれていく
♪ひとりぼっちなのかい？
♪ふたりぼっちはどうだ？
♪ひとりじゃないよ今夜だけは…

オリジナル曲だけでなく、有名人のカバー曲をアップして視聴回数を上げるなどして、「ここから始まる伝説はあなたが見ることになるのだ」と自信満々。〈音楽一本で命を賭《ママ》けていく。どこまでできるか分からないけど、一度きりの人生じゃないか〉〈これこそが本当の音楽の才能。何をもってしても成し遂げたい夢がある〉などとツイッターやブログで宣伝していた。

　このような自己顕示欲丸出しの姿も「カッコイイ」と感じてしまう向きがあるらしい。それがのちに被害者となる中1の少女、ユミさん（12）だった。

　ユミさんは中学入学と同時に母親にスマホを与えられており、有害サイトへのアクセスを制限するフィルタリングソフトを付加したものを使っていたが、それに該当しないユーチューブは頻繁に見ていた。

　そんなときに知ったのが丹羽の活動だった。

ユーチューブには動画を見るほかにコメント機能がある。ユミさんは「気軽にコメントしてね」という一文を見て、自分の名前を書き込んでコメントしてしまった。

いったんネットに書き込んだコメントは必然的にネット全体に表示されることになる。そこにはどんな人種が潜んでいるかなど、幼い少女は考えもしない。

幸いにもユミさんは犯罪予備軍たちに狙われることはなかったが、そもそも視聴回数が30回前後しかなかった丹羽は「初めてファンができた」と大喜びした。


ユミさんと個人的にやり取りするようになり、最初の頃はアニメの話などで盛り上がっているだけだったが、ユミさんが「離婚した父親に会いたい」といった極めてプライベートな相談を持ち掛けてくるようになってから、丹羽も真剣に向き合うようになった。

「オレのオヤジは自分の夢をかなえて、空を飛ぶ仕事に就いたんだ。だけど、オレには虐待ばかり繰り返す最低な父親だった。もう亡くなっちゃったけどね」

真の大人とは何か——。そんな哲学的なやり取りをするようになった。

丹羽の見解はこうだ。

「真の大人とは、愚かなところがない人のことではない。己の愚かさを知っている人のことだ。だから、人の愚かさを許し、受容することができる。許すことは愛である。その逆に愚か者とは、己の愚かさを知らない人のことだ。だから、人のあるがままを受け入れることができないのである」

ユミさんは丹羽の意見に感銘し、尊敬の念を抱くとともに恋愛感情を持つようになった。

「私、丹羽さんとエッチしたい。こんな気持ち初めてなの。もうエッチしたくてたまらない…」

「ダメだよ。ユミちゃんが18歳になるまでは性的な関係はやめよう」

丹羽はカッコつけていた手前、そんなふうにたしなめていたが、その後もユミさんの挑発は続いた。

「私を子供扱いしないで。実は私、もう処女じゃないの。2人だけだけど…、男性経験があるのよ」

「マジかよ」

「だから安心して。私、丹羽さんとエッチしたい」

ネットで知り合った関係は、親しくなればなるほど実際に会ってみたいと思うようになるものだ。こうして2人は会うことになった。

2人の逢瀬は、最初からホテルへ行くことが前提になっていた。なぜなら、ネットのやり取りの中で、将来の結婚まで約束していたからだ。

「ユミちゃん、かわいいよ…」

ベッドに入り、丹羽はもはや抑えようがないほど硬く膨らんでいる肉棒をユミさんの花弁に押し付けた。丹羽に抱かれて突かれるたびに、ユミさんは髪を振り乱してあえいだ。正常位、バック、騎乗位…。丹羽は何かに憑かれたかのように夢中でユミさんを突きまくった。

一度、タガが外れたら、自制など利くはずもなかった。丹羽は何度もユミさんをホテルに連れ込み、あれこれと〝花嫁になるための修業〟をコーチした。

ユミさんもどんどん積極的になっていった。丹羽はこれまでに付き合った大人の女とは違う、無垢な少女を調教する楽しみを見い出していった。ユミさんとの交際は誰にも秘密だった。

だが、終わりは突然やってきた。ユミさんの母親に知られてしまったのだ。丹羽は「ユミさんを最愛の女性として愛しています」と説明したが、17歳も年上の男の言うことなど聞いてもらえず、警察に通報され、丹羽は強制性交等容疑で逮捕された。

警戒心が乏しく、判断能力が未熟な13歳未満の少女に対し、成人の男が性交することは、本人の意思にかかわらず、「強姦罪が成立する」という旧刑法の規定に基づくものだ。

「私は彼女を性欲のはけ口にしたわけでもなく、甘言を弄して騙したわけでもありません。たまたま年齢の若い女性を愛してしまっただけで、小児性愛者でもありません。それでも彼女の心身に悪影響を及ぼす可能性があったのだとしたら、本当に申し訳ないことをしたと思っています」

会社社長をしている丹羽の母親が３００万円もの被害弁償金を支払ったため、丹羽は執行猶予付きの有罪判決を言い渡されて釈放された。

いざとなったら親の後ろ盾があるためか、丹羽は釈放されるなり、ツイッターを再開し、今もネットアーティストとして活動している。オリジナル曲のユーチューブの再生回数はそれぞれ41回と63回（取材当時）。「これから始まる伝説」を目にする日は来るのだろうか。

男と女の性犯罪実録調書

# 小悪魔ボディを作るパーソナルトレーナーのわいせつエクササイズ

京都発

『週刊実話』2008年3月6日号

中学教師を8年続けた後、学習塾を開いた玉田順一（46）は、同時に近所の女子小中学生にバスケットを教えるコーチとなった。玉田の指導ぶりは定評があり、県大会で優勝するほどの実績があった。

そこへ入部してきたのが、小5の村上千佳さんだった。子役タレントにしてもおかしくない美少女で、才能も抜群。小6になると、玉田は千佳さんをキャプテンに任命し、厳しく指導した。それに食らいついてきた千佳さん率いる新チームは、見事に県大会で優勝することができた。

「みんな、オレの言うことをよく聞いて頑張ってくれた。よかったなぁー!!」

千佳さんは感動にむせび泣き、ますます玉田を信頼するに至った。だが、玉田の欲望は別の方向に向いていた。それは日増しに肉感的に成長していく千佳さんの肉体に対してであった。

ある日、玉田は千佳さんを練習後に呼び出し、「筋肉をつけたり、体を柔らかくしなければならない。今日は特別な練習をする」と言って、誰もいない塾に連れていった。

そして、「体脂肪を計る」と言って、全裸になるよう命令。その様子をビデオカメラで撮影した。さらに乳房を両手で揉むポーズをさせたり、股を広げさせて陰部を押し広げるポーズなど、「柔軟体操」の名目で次々とわいせつ写真を撮り、「これは特別な練習だから、誰にも言っちゃいかん」と釘を刺した。

信頼しきっていた千佳さんは、その後も玉田の呼び出しに応じて、「特別な練習」に付き合わされた。あるときは全裸でシュート練習させられたり、「感じることによって体を柔らかくする」と言われ、プレー中に乳房や太腿を触りまくられたこともあった。その様子は必ずビデオカメラで撮影され、「肉体的欠点を明らかにする」と説明された。

千佳さんが中学に進んでも玉田の指導は続いた。やがてはイチモツを触らせるようになり、手淫を命じるようになった。中2になると、口淫させるようになり、ついには「体を柔らかくさせる行為だから」と言って、セックスにも及んだ。

「気持ちいいか？」

「おまえの体が柔らかくなっている証拠だぞ」

「もっと感じるようになるまで続けるぞ」

中2から中3にかけて、20回もセックスを繰り返し、その様子はすべてビデオカメラで記録していた。

ところが、それが妻にバレてしまったのである。

「何よ、あなたこのビデオ、犯罪じゃない！」

激怒した妻は当然、離婚話を切り出した。それだけではなく、「警察に行け」と玉田に自首を勧めた。だが、玉田は「たのむからカンベンしてくれ」と言って、妻の条件をすべて呑む形で、全財産を置いて家を出ていった。

学習塾は閉鎖し、必然的に千佳さんを〝指導〟することもなくなった。玉田に残されたのはパソコンの中のあられもない千佳さんの姿態だけだった。

玉田は何度も自慰行為にふけり、何か自分の趣味と実益が伴う仕事はないものかと考え、「モデル事務所」を立ち上げることにした。

〈以前よりモデル・タレントのスタイル作りを行ってきましたが、事務所やカメラマン等にだまされて様々な被害にあったレッスン生が多数います。夢を叶えようと頑張ってるのに、とても残念に思いました。そこで当事務所では、モデル・タレントを育成し、デビューして活躍できるまでサポートすることにしました〉

大仰なホームページを立ち上げたが、実際は芸能界デビューにつながるようなルートはまるでなく、ただ自分の自由になる女性を物色しているだけだった。

玉田は「小悪魔ボディを作るパーソナルトレーナー」を名乗り、写真を載せている女性のブログやサイトに片っ端からアクセス。ネット上に「めざせアイドルモデル」というコミュニティを作り、そこにアクセスしてくる女性を次々と勧誘していた。

〈ジュンです。プロフの写真を見てメッセージしました。無料でレッスンするので、ご興味がありましたら、ご連絡くださいね〉

それに引っかかってしまったのが、出会い系サイトでメル友を募集していた前田里奈さん（19）だった。〈読者モデルになりませんか？〉と勧誘された里奈さんは、玉田の返信に導かれるままにモデル事務所のホームページにアクセスした。

〈理想のボディになるためのエクササイズがあるんです。あなたの理想のスタイルはタレントで言うと、小池栄子ちゃんみたいだね〉

1時間にわたるメールのやり取りを重ね、信用した里奈さんは2日後に玉田の事務所を訪問した。そこでは住所、氏名、年齢などを聞かれ、「体のゆがみを見る」と言われて下着姿の写真を撮られた。

「体にゆがみがあると、ダイエットや健康に良くないんです。エクササイズは続けることが大事なんですよ」

玉田はもっともらしいことを言い、後日再び里奈さんを事務所に呼び込んだ。そして、2回目からは全裸にして胸を揉んだり、陰部に指を出し入れするという変態的なマッサージを開始した。

「刺激を与えることで女性ホルモンを分泌させます。痛かったら言ってくださいね」

言葉や態度こそ紳士的だったが、3回目にはバイブを持ち出し、膣に出し入れした後、陰部を舐められるに至っては、里奈さんも「さすがにおかしい」と感じ始めた。

里奈さんは多忙を装ってフェイドアウトしたが、玉田は同じような手口でその後も女性たちを勧誘していた。


1年後には5人の〝専属モデル〟を擁し、ネットで集めた客を相手に撮影会を開いたり、美容グッズを売ったりして、収益を上げるようになった。

そのため、より「モデル事務所」らしくなったホームページを見て、アクセスする女性も増えてきた。

出産後、バストがしぼんだことを悩んでいた主婦の垣内真理亜さん（20）は、「無料モニター募集」の告知を見て、自らメールを送った。幼子がいて、事務所に行けない旨を告げると、玉田は二つ返事で「出張します」と承諾。翌日、自宅にやってきた玉田は、Tシャツに半ズボン姿といういかにもトレーナーらしい格好だった。

「それでは採寸しますので、服を脱いでください」

玉田は当たり前のように真理亜さんの半裸の写真を撮り、「骨盤がゆがんでいるから、太りやすくなる」などと、したり顔で説明した。

2回目からは全裸になってのバストマッサージが始まり、3回目には「女性ホルモンの出が良くなるから」と言って、陰部に指を出し入れした。

「あんっ、ああ…」

「感じますか。いいですよ。理想のボディに近づいている証拠です。もう少し頑張ってみましょう」

しかし、これに疑問を覚えた真理亜さんは、自らのブログに「バストアップの個人指導でこんなことをされた」と書き記した。すると「それはおかしい。警察に行った方がいい」とのメールが殺到。それで警察に相談したのだ。

これがもとで玉田は真理亜さんに対する準強制わいせつ容疑で逮捕され、家宅捜索でおびただしい数の女性のヌード写真やビデオが発見された。その中には、村上千佳さんが全裸でバスケットボールをしていたり、ハメ撮りされている動画も含まれていた。

警察は身許を特定し、千佳さんを説得する一方、前田里奈さんに対する準強制わいせつ容疑でも玉田を再逮捕した。

高校生になっていた千佳さんは、両親にこれまでのことを打ち明ける決意を固め、警察に被害届を提出。玉田は千佳さんに対する準強姦罪でも起訴されることになった。

「信頼して娘を預けていたのに、絶対に許せない！」

千佳さんの母親の調書が読み上げられたのに続いて、千佳さんが告訴するに至った心境も読み上げられた。

「なかったことにしたい、忘れたいと思ったけど、先生が逮捕されたことを知って、許せなくなった。バスケットを続けている限り、先生のしたことは忘れられない。できれば死刑にしてほしい。私は男の人がまったくダメになった。先生の性癖は一生治らないと思います」

前田里奈さんや垣内真理亜さんに対するエクササイズは「わいせつ目的ではなかった」と否定していた玉田も、千佳さんに対する準強姦罪については、「その通りです」と起訴事実を認めた。

千佳さんは男のような風貌になり、恋愛に対する興味を失った。すべては玉田のせいだ。玉田は泣きながら「詫びるしかない」と言っているが、地位を利用してわいせつ行為をする男は、それだけで不可抗力を利用しているのだから、もっと重い刑罰が科せられないものだろうか。

男と女の性犯罪実録調書

# 成長した愛娘を強姦したムショ帰りの〝懲役太郎〟

※懲役太郎＝複数回懲役を受ける者のこと

大阪発

『週刊実話』2019年8月8日号

法廷に腰縄を付けられて現れたのは、坊主頭の精悍な顔立ちをした男だった。年の頃なら、40代後半か。男には人定質問で尋ねられる名前もない。なぜなら、実娘を強姦したという監護者性交等罪に問われているからだ。男の身許を特定することは、被害者の素性を明らかにしてしまうことになるので、裁判所も「あなたの氏名、生年月日、本籍、住所、職業は、この紙に書いた通りでいいですね」と確認しただけだった。

この男を西部一夫と呼ぼう。西部には中3になる娘がいた。「目に入れても痛くないほど、かわいいと思っていた」という娘をなぜ強姦したのか。

それは自業自得ともいうべき西部が歩んだ半生と大きな関係があった。西部は定時制高校中退後、新聞販売店の店員やパチンコ店員として働いたが、窃盗などで20代にして前科2犯になった。

その後、結婚して、のちに被害者となる娘のチエを授かったが、チエが2歳のとき事件を起こし、住居侵入と現住建造物等放火の罪により、懲役7年を宣告された。

「パパは遠い外国で仕事をしているのよ」

チエはそんなふうに説明されて育つことになった。

ようやく西部が満期出所したとき、チエは小4になっていた。

「このおっちゃん誰？」

「パパだよ」

チエにとって7年の空白は大きく、キョトンとしていた。西部はこれまでの埋め合わせをしようと、必死で父親らしく振る舞ったが、チエは「パパは何にも分かっていない」と口答えするばかりだった。

チエは感情の起伏が激しく、軽度知的障害があることは服役中に妻からの手紙で知らされていた。だが、普通に受け答えするし、見た目も普通の子と変わらない。西部はコンビニで働きながら、寝る時間を削ってでも、チエとコミュニケーションを取ろうと努力していた。

そんなチエも中学生になると、めっきり女らしくなった。初潮を迎え、体全体が丸みを帯びて、胸も膨らんできた。

しかし、チエはそんな自分の体の変化に無頓着だった。平気で風呂から裸のまま出てくるし、「パパー、オッパイがこんなに大きくなったよ」と無邪気に見せつけてくるのだ。

「チエちゃん、そういうことは大きくなったらやめようね。パパも男だから恥ずかしくなっちゃうよ」

「どうして恥ずかしくなるの？」

「それは…、チエちゃんのことがもっと好きになってしまうということかな？」

チエの行動は天真爛漫だった。西部はそんなチエに恋をしてしまった。チエに裸を見せつけられるたび、色気を感じてドキドキするようになった。

（この子とセックスしたら、どんな感じなんだろう）

そんな妄想を膨らませるようになった。

実際、西部はロリコン性癖を持っていたような節があり、スマホには児童ポルノの動画をダウンロードしていた。「パイパン」「処女膜貫通」といったキーワードで検索した履歴もあった。

チエが中2のとき、ついにガマンできなくなり、テレビを見ているチエの横に座って、胸を揉んだり、陰部を触ったりした。

「パパ、何するのよ…」

「いいから、パパの言う通りにしなさい」

さらに酒も飲ませるようになった。

「どんな味がする？」

「ウエー、苦いよ…」

「そのうち、うまいと思うようになるから。ゆっくり舌で味わって飲むんだ」

ある日、西部は酔っぱらったチエを押し倒し、一線を越えてしまった。そのときの高揚感が忘れられず、妻がいなくなると「ヤラせて」と迫るようになり、何度も性行為を繰り返した。

「パパ、もうやめて…」

禁断の園に踏み込んだ西部は、もう引き返すことができなかった。チエが泣き叫ぶと、容赦なく殴った。抵抗できないチエは、信じがたい危機に直面しているにもかかわらず、父親の醜い欲望を受け入れなければならなかった。

(チエはオレのものだ。たっぷりかわいがって、オレのものにしてやる…)

西部は歯止めが利かなくなり、もはや常識を求めることすら不可能になった。

チエはたまりかねて、一度だけ母親に訴えたことがあった。しかし、本当のことは言えず、「パパに体を触られた」と話しただけだった。そのことを西部に確認すると、「そんなことするわけないだろう。たまたま手が当たっただけだ」などと言い訳された。

チエは学校でも些細なことで大げさに騒ぎ立て、校長室に乗り込んで〝被害〟を訴えるようなところがあった。母親はそれと同じようなものだと判断し、事態の深刻さに気付くのが遅れた。

西部によるチエの強姦は中3の夏まで続き、「勉強したいからやめて」「今日は体調が悪い」と言っても、逆ギレして怒り、チエとの性行為をやめなかった。

ある日、チエは友人の家に行ったとき、「パパに頭を叩かれる。今日は帰りたくない。一泊させて」と頼んだ。友人の母親も加わって理由を聞くと、「パパの言うことを聞かないと暴力を振るわれる。お酒も飲まされる」とのことだった。

チエはレイプのことは話さなかったが、その話を聞いた友人の母親は「それはいけない。警察に相談しなさい」と言って、警察署に連れていった。

チエから事情を聞いた警察は、児童相談所と連絡を取り、一時保護した。チエが父親にレイプされていることを打ち明けたからだ。チエは西部にレイプされ始めた中2の夏にも「虐待されている恐れのある児童」として一時保護されたことがあったが、そのときはレイプされていることは話さなかった。家族がバラバラになり、母親と別れて暮らすことになるのがイヤだったからだ。

結局、西部はチエに対する監護者性交等の疑いで逮捕された。西部は、頑なに容疑を否認した。だが、警察のポリグラフ検査（ウソ発見器のようなもの）では陽性の反応を示し、産婦人科医による診察でも、チエは処女膜が断裂し、繰り返し男性器を挿入された形跡があることが分かった。

「被害者を強姦することができたのはアンタしかいないんじゃないのか。アンタは娘を愛していたんだろう。それがどれぐらいの心の傷を与えてしまったと思っているんだ?」

言い逃れできない状況証拠を突き付けられ、情にも訴えられ、ついに泣き崩れるようにして容疑を認めた。

「自分は懲役に行っていたので、他の家族と同じようなことができなかった。どこか本当の父親として認められていないのではないかという気持ちがずっとあった。娘のことは愛していましたが、性欲が勝ってしまった。娘とのセックスで得られる興奮がどうしても忘れられなくなってしまった。これは言ってはいけないことかもしれませんが、別の子だったらよかった。私は本当に最低の父親です」

真実を知った妻は激怒し、直ちに離婚した。

「これでもう、娘を迷うことなく信じられる。夫は真剣な表情で『ヤッていない』とウソをついていた。絶対に許さない。2度と会いたくない。娘の将来にどんな影響があるのか心配。夫には責任を取ってもらいたい」

西部は懲役7年を言い渡され、獄中に落ちた。

子供はアッという間に成長する。西部の場合は懲役が原因だったが、社畜のように働いて、思春期になった娘に劣情をもよおすケースも少なくないという。それまでの、その貴重な時間をないがしろにしてはいけないという警鐘なのかもしれない。

男と女の性犯罪実録調書

# 女性警察官の罠にかかった凶悪レイプ魔の末路

大阪発

『週刊実話』2010年10月21日号

神田真琴（24）は少年時代から、ちょっと名の知られたサッカー選手だった。中学生の頃からモテモテで、高校に入ると将来の妻となる彼女もできた。

彼女は神田を片時も離さないほどベタ惚れで、他の女と会話をしても怒るほどだった。あまりに束縛するため、1度は大学に入った頃に別れたが、まもなく復縁。その後、子供ができたことをきっかけに大学在学中に学生結婚した。

卒業後は不動産会社に就職した。その稼ぎはほとんど妻子を養うために費やされる一方、同世代の男たちが自由に金を使う姿を見ていて、「自分ももっと年を取ってから結婚した方が良かったのではないか」と後悔するようになった。

そんな神田がこっそりハマっていたのがＳＭモノのアダルトＤＶＤだった。

最初は嫌がっていた女性が調教され、様々な羞恥プレイに応じる姿は、自分の性癖とマッチしていた。特に興奮したのは膣内に拳ごと挿入するという〝フィストファック〟だった。

「こんな世界があるのか。ぜひ自分もやってみたいものだ…」

神田は妻子にも内緒でゆがんだ欲望を募らせ、仕事の合間に個室ビデオ店に入り浸っていた。風俗で欲望を満たすという方法は、経済事情から許されなかった。そして、それが架空の世界であるという割り切り方は、若い神田にはできなかったのである。

ある日、神田は若い独身女性が多数住むマンションに大家と一緒に付いていき、中まで入る機会に恵まれた。そこはセキュリティーが万全なマンションだったが、神田は大家がオートロックを解錠する姿を覗き見て、暗証番号を覚えてしまった。

数日後、そのマンションの隣の駐車場で仕事をサボっていたとき、ベランダ側の窓が開けっ放しになっている部屋があるのに気付いた。

そこに派手な女性用下着が干してあったので、「どんな女が住んでいるんだろう」と興味を持ち、その部屋を目指して侵入した。

神田はその部屋に住む歯科助手の女性（25）の顔をプリクラで確認した。

「かわいいじゃないか！」

玄関前の靴箱の上にスペアキーがあるのを発見し、「いつかこの部屋の女性を襲ってやろう」と衝動的にたくらみ、それを持って外に出た。

「他にも無施錠の部屋があるんじゃないか？」

それで不幸にも目をつけられたのが、飯島千鶴さん（25）だった。千鶴さんは1人暮らしの大学院生だった。千鶴さんの部屋にも侵入した神田は、同様に千鶴さんの顔写真を確認。最初に入った部屋の女性よりも「かわいい！」と気に入った。

そこで神田は妻が旅行で留守にする日を見計らい、深夜に千鶴さんの部屋に侵入して強姦することを計画。千鶴さんの部屋の窓が常に無施錠であることも確認済みだった。

事件当日、神田は軍手とガムテープとデジカメを用意し、マンションの隣の駐車場に車を止め、千鶴さんの部屋の明かりが消えて寝静まるのを待った。

「騒ぐんじゃねえ！」

就寝中、いきなり部屋の中に押し入られた千鶴さんは仰天した。

「お前、寝るときは全裸なのか。それともオレが入ってくるのを待っていたのか。お前が窓を開けているのが悪いんだからな！」

神田は、千鶴さんの目にガムテープを貼り付け、ソファーの上に転がし、陰部に指を出し入れした。「前にヤッた女は腕まで入ったんだ」と脅したところ、「他のことなら何でもします。やめてください…」と懇願され、当たり前のように本番。「もっとイヤがってくれないと萎えるやんか」などと勝手なことを言いながら、膣内射精した。

「トイレに行かせてください…」

神田はその要求は受け入れたものの、トイレから出てくると、「膣と肛門、どっちがいい？」と尋ね、「膣」と答えるしかなかった千鶴さんを再び強姦した。

それが終わると、デジカメで全裸の写真を撮影し、「警察に言えば、この写真をネットでバラまくぞ」などと脅し、携帯番号やアルバイト先、学校名、実家の住所などをすべて答えさせた。

「次は玄関から入ってくるからな。楽しみにしてろよ！」

あまりにも堂々とした図々しいレイプ魔に千鶴さんは呆然となった。友人に助けを求め、110番通報。それでもレイプ魔による恐怖は終わらなかった。

その翌日から犯人と思われる男から何度も電話がかかってくるようになったのだ。発信元は非通知か公衆電話。千鶴さんは非通知の設定を「拒否」にしていたが、怖くなって警察に相談した。

その相談中にも電話が入り、女性警察官が千鶴さんになりすまして電話に出ると、

「お前、いつまで逃げてんねん。次はいつ、オレの相手してくれるんだよ！」という声が聞こえてきた。

「少し待ってください…」

「またかわいがってやるって言ってるだろ。大勢にヤラれるのとオレ1人にヤラれるの、どっちがいいんだ。ネットに写真をバラまくぞ！」

「明日から2週間、学校の研修旅行でアメリカへ行くんです。それ以降なら…」

「ホントか。行っておれへんとか、誰かにチクったらシバキ倒すからな。次はケツに出

すぞ。1回とかはないからな。覚えとけよ！」

神田はそれが警察に筒抜けとも知らず、18分間も「ヤラせる時間を作れ！」と電話で脅しまくった。

それだけでなく、本当にアメリカに行ったかどうかを確認するために再度、千鶴さんのマンションを訪れ、「非通知を解除しろ」と大書したビラを郵便受けに投げ込んだ。その裏面には千鶴さんの裸の写真が拡大コピーされていた。

さらに室内に侵入し、千鶴さんのパソコンを勝手に立ち上げ、アダルトサイトを閲覧。自分が部屋にいたという痕跡を残しておくために、千鶴さんの下着を部屋の中から探し出し、その股間の部分に射精し、部屋のド真ん中に置いておいた。

数日後、警察官とともに部屋に戻った千鶴さんは、それらの遺留品を見て絶句した。同行した警察官は「信じがたいほど悪質な奴だ。こんな悪党はザラにいない」と激怒し、女性警察官が仕掛けた罠に神田が落ちてくる日を手ぐすね引いて待ち構えていた。

千鶴さんがアメリカから帰ってくると聞いていた日、神田は夕方6時半から千鶴さんのマンションを訪れ、外から部屋の様子をうかがっていた。

まだ帰宅した気配がなかったので、いったん車に戻り、千鶴さんの携帯に電話した。

ところが、その途端、屈強な男たちに車を取り囲まれたのだ。

「今の電話の発信履歴を見せてもらおうか？」

それが刑事たちであることはすぐに分かった。神田は発信履歴を突き付けられ、「これはどういうことだ？」と説明を求められ、言い逃れする言葉も思いつかず、「すみません…。女性を脅してレイプしました」と認めた。神田は強姦致傷と住居侵入、強要未遂、窃盗の疑いで逮捕された。

事件の詳細を知った神田の父親は「本当にバカなことをしたな！」と吐き捨て、母親は「息子のやったことは人間として最低です」と言って泣き崩れた。

妻とも離婚することになり、会社も懲戒解雇され、何もかも失った男は懲役7年を言い渡されて獄中に落ちた。ＡＶの世界を再現しようとした男の末路である。

# 新郎が4年前に起こしていたレイプ未遂事件の顛末

愛知発
『週刊実話』2017年6月1日号

《花の便りが相次ぐ今日このごろ、皆様にはますますご清祥のこととお慶び申し上げます。さて、このたび私たちは結婚式を挙げることになりました。つきましては私たち2人の門出を見届けていただきたく、披露宴を行いたいと存じます。お忙しい中、誠に恐縮ではございますが、ぜひご出席くださいますよう、ご案内申し上げます》

「招待状の文面はこれでいいか?」

新郎になる岡崎悠真(26)は言った。

「バッチリじゃない」

新婦の友紀子(25)は言う。

2人は4年以上の交際を経て、9カ月前に入籍。すでに同居生活をスタートさせていた。

結婚披露宴については、第一希望の日取りと会場を押さえるために約1年前から計画していた。

友紀子は勤めていた会社を退職し、両家の親戚、友人、知人、職場の同僚や恩師にも招待状を送っていた。

突然、警察がやってきたのは、披露宴を約2カ月後に控えたある日のことだ。

「岡崎悠真だな。強姦未遂で逮捕状が出ている。署まで同行してもらおうか」

岡崎は会社に出勤しようと背広に着替えていたとき、いきなり連行された。

「ちょっと待ってください。強姦未遂ってどういうことですか？」

警察は妻の友紀子には何も詳しいことは教えてくれなかった。

だが、友紀子には少しだけ心当たりがあった。その2カ月前、警察から電話があり、夫が盗撮の嫌疑をかけられて取り調べ中だと言われ、身元引受人になるように頼まれたのだ。釈放後に夫から聞いた説明は次のようなものだった。

「駅のエスカレーターでスマホを操作していたら、盗撮と勘違いされたんだよ」

それっきり警察に呼ばれることもなく、夫も収監されることがなかったので、「きっと疑いが晴れたのだろう」と思い込んでいた。

ところが、それはさらなる凶悪事件発覚のきっかけにすぎなかったのである。

問題の事件は4年前にさかのぼる。岡崎と友紀子は、当時は交際中で、新入社員だった岡崎は帰宅が深夜に及ぶことも多く、ほとんど友紀子とデートする暇もなかった。

そんな彼の唯一の楽しみは海外のプロバイダーを経由して配信されてくる無修整のポルノ動画だった。メーカーが制作したものが流出した作品もあったが、素人が撮影したとみられるあまりにもリアルな動画もあった。特に深夜、1人歩きしている女性を襲い、レイプに及んでいる映像は、いつも岡崎が仕事帰りに見ている風景とリンクして、とてつもなく興奮を覚えた。

「オレも機会があったらやってみたいものだ。ここまではできなくても、抱き付いて胸を触るぐらいならできるんじゃないか…」


問題の事件当日、深夜に帰宅途中の早坂絵美香さん（27）を見かけた岡崎は、こっそりと車を降り、尾行を開始。ラーメン店の人気のない駐車場までやってくると、後ろから抱き付いて口をふさぎ、「しゃべるな、言うことを聞かなければ殺すぞ！」と脅した。

岡崎は無造作に服の中に手を入れて乳房を揉み、さらに人目の届かない場所を探して「こっちに来るんだ！」と言って携帯ショップの駐車場へ連れていった。

「やめてください…」

「うるさい、これ以上騒ぐと本当にぶっ殺すぞ！」

絵美香さんは分厚い手でグッと喉をつかまれ、首をへし折られるのではないかという恐怖感を覚えた。思わず押し黙ると、岡崎はその隙を逃さず、ズボンごとショーツを引き下げた。

「ヤラしてくれたら殺さんから」

岡崎は後ろから尻をわしづかみにしてペニスをグイグイと押し付けてきた。絵美香さんは何とか逃れようと、岡崎の身体を必死に押し返そうとした。

「あんまり手間かけさせせんなよ。こんな姿を見られるのも恥ずかしいだろ。すぐそこに道路もあるしよ。見られるスリルってのも興奮するかもしれないけどよ」

絵美香さんはズボンとショーツを脱がされたままヨタヨタと歩き、さらに公園の多目的トイレへと連れていかれた。洗面台に手をついてバックから犯されそうになったが、その間に岡崎は萎えてしまい、口腔性交を求めてきた。絵美香さんは顔を背けたものの、岡崎に後頭部を押さえ込まれてはどうしようもない。

「お前、うまいな。もうこのまま出してやるからよ。レイプはしない。だから全部飲め!」

絵美香さんの口内でピクピクと動きながら、肉茎が大量の白濁液を吐き出した。絵美香さんの頬が膨らみ、唇の端からドボドボと濁った液体がこぼれ落ちた。

その後、岡崎が類似の事件を起こしていたのかどうかは分からない。ただ、被害届が出ていたもので、岡崎の精液のＤＮＡと一致したのは絵美香さんに対する事件だけだった。

友紀子は警察署で懇願するように言った。

「夫がそんなことをするわけがありません。これは何かの間違いです…」

「今回の件はご主人も犯行を認めています。盗撮の件のように処分保留ということにはならないでしょう」

岡崎は強姦未遂罪で起訴された。当然ながら、披露宴は中止になった。友紀子は招待状を送った知人や親戚にも中止を伝えなければならなくなり、「なぜ?」「どうして?」「もしかしてオメデタなの?」などと詮索された。

式場のキャンセル料は岡崎の両親が支払うことになったが、この醜態に友紀子の両親が激怒した。

「あまりにもひどい。許せることと許せないことがある。性犯罪者になった義理の息子を家族として認めるわけにはいかない。新婚早々、友紀子にもそんな業を背負って生きていかせることは親として耐えられない。そんな家と親戚関係になるわけにはいかないし、親戚たちにも顔向けできない」

相手の言うことはもっともだった。岡崎は拘置所で離婚届に判を押した。

さらに悲惨だったのは婚約中だった岡崎の姉に影響が及んだことだ。姉の婚約者の家族に弟が起こした事件を知られると、やはり婚約破棄を言い渡された。

「やったのは弟であって、あなたに罪がないことは分かっている。だが、その影響を受けるのは2人の間に生まれてくる子供たちだ。性犯罪者の叔父がいるということは、就職、結婚、その他、人生の大事な場面で必ず問題になる。もっとも私たちとは違う考えをお持ちの方もいらっしゃるだろうから、そういう方たちとのご縁を大事にしてほしい」

一家は近所からも白い目で見られ、自宅に引きこもった。職場も辞めざるを得なくなった。

岡崎の姉は「また私に好きな人ができたとき、その相手にも性犯罪を起こした弟がいることを話さなければならないのか。私が祝福されて結婚することなどあるのだろうか。被害者の方の苦しみはもちろん、私たちが受けている今の苦しみを知ることも本人が受けるべき罰であり、そのことを知らずして更生などあるはずがないと思います」と述べた。

岡崎は自分の車をたたき売り、貯金をはたいて被害者に賠償したが、その後始末で疲れ切った友紀子には「もう私への賠償はいいから反省してください。そして、もう2度と私と関わらないでください」と言われ、絶縁された。

性犯罪の恐ろしいところは、自分の身内をも被害者にしてしまうことだ。岡崎は法廷で号泣して詫びたが、周囲の生活を何もかも破壊した男は懲役3年6カ月を言い渡され、獄中に落ちた。

男と女の性犯罪実録調書

# 「睡眠時の血圧測定モニター」で100人超を昏睡レイプした男の実録犯行ビデオ

千葉発

『週刊実話』2015年10月15日号

稀代のわいせつ魔と呼ばれることになる野田秀憲（54）は、もともと旅行会社の添乗員だった。添乗員時代はヨーロッパや中南米を担当。そのため、英語、フランス語、ドイツ語、スペイン語、アラビア語がペラペラ。いわば優秀な男だったが、健康に恵まれず、椎間板ヘルニアと糖尿病を患い、それに伴うストレスで統合失調症を発症したことから、仕事を辞めざるをえなくなった。

野田は内科、外科、精神科をはしごする薬漬けの毎日となり、生活保護を受ける身になった。そんな生活が嫌で、東日本大震災のボランティアに参加したところ、不衛生な生活環境でも必死に頑張る被災者たちを見て、ますます自分が情けなくなった。野田は医師に訴えた。

「先生、自分も早く仕事がしたい。添乗員に戻ったらダメだろうか？」

「まだそんなことは考えなくていい。自分の体を治すことを考えなさい」

野田は毎日のように医者と話をするうちに「治験コーディネーター」という仕事があることを知った。患者の血圧などを測り、そのサンプルデータを製薬会社に売るというものだ。

「いわば患者と製薬会社の間の仲介役だよ。そういう仕事なら、あなたにもできるんじゃないか？」

「それはいいッスね！」

野田はさっそく街頭に立ち、「血圧測定に協力してください」と呼びかけ、40人〜50人のデータを集めた。ところが、治験行為は厚労省の許可が必要で、入院設備が整った施設でやらなければならず、医師や看護師の立ち会いも必要。個人が勝手にできる仕事ではないことを知った。

「何だ、それならこんなデータ集めても意味ないじゃないか！」

やむなくその仕事は断念したが、別の仕事を探そうとパソコンで検索していたとき、〈あなたが撮ったわいせつ動画を高価買い取りいたします〉というサイトを見つけた。そのサイトの運営会社はニュージーランドに本社を置き、日本から逆輸入した動画をニュージーランドのサーバーを使って流しているので、日本の法律は適用されないとのことだった。

「待てよ、これならあの手口でカモが引っかかるんじゃないか？」

野田は〈睡眠時の血圧を測るバイトがある〉とネットで募集し、応募してきた女性に睡眠薬入りの酒を飲ませ、昏睡状態のままセックスするというビデオを制作。この手口を思いついた経緯も書き添え、サンプル動画を運営会社に送った。

すると一週間後、運営会社から連絡があった。

「素晴らしいです。今回の作品は諸経費込みで3000ドル（約30万円）で買い取らせていただきます」

「3000ドルだって!?」

野田は驚いた。

「あなたのハンドルネームは『忍』にしましょう。夜間の血圧測定という設定にして、寝ている女性を撮ってしまえば簡単でしょう。日本人の男はオッパイが大好きですから、胸を中心に撮ってください」

他にも野田は運営会社から、〝犯行〟のための具体的な指示を受けた。

「女性の集め方ですが、応募者を信用させるためにはホームページを立ち上げておいたほうがいいでしょう。今の若者は必ず携帯で確認します。宣伝するのはチラシでも新聞広告でも構いませんが、レンタルオフィスと電話代行業を使って、必ず一等地に会社を構えているという体裁は整えておいてください」

「分かりました」

あとのことは何を聞いても、「私たちが全部責任を持つから大丈夫ですよ」の一点張りだった。

「あなたよりもっとひどいことをやっている人がいますから大丈夫ですよ。クラブでナンパした女性に睡眠薬入りの酒を飲ませて、そのままホテルでわいせつ動画を撮ってしまうとか。産婦人科医が点滴の中に麻酔薬を混入して、寝ている間に患者をハメ撮りしている映像とか。どういう風に自分のキャラクターを作っていくかが大事です。大丈夫、99％リスクはありませんから」

野田は市販の睡眠導入剤と酒を混ぜて飲ませれば、1時間ぐらいで寝始めることを確認した。要はその間にどこまで女性をオモチャにできるかだ。撮影内容によって、ギャラは5万円～60万円の開きがあった。

野田はツイッターで〈温泉旅館で一泊二日の血圧測定モニター募集！〉〈滞在中に血圧を6回測定するだけのおいしいバイト！〉などとつぶやき、バイト希望の20代～40代の女性とDMで連絡を取り合い、都心のビジネスホテルや地方の温泉宿などで、堂々と睡眠薬入りの酒を飲ませて犯行に及ぶようになった。

どの動画も長時間、局部のアップを映しているのが特徴的で、女性のバッグを勝手に開け、身分証の名前や生年月日を明らかにするなど、個人情報も無修整でまき散らしていた。

昏睡から一時的に目覚めた女性が「何しているんですか？」と問い詰めようとすると、

「途中で起きると正確にモニターできない」などと言って、強引に布団をかぶせて寝かしつけていた。

その結果、運営会社から振り込まれたギャラは約2年間で1300万円にも及んだ。野田はその中から被害者に日当7000円を支払い、宿泊費や交通費などもまかなっていたが、それでも貯蓄はできなかった。周囲には「医療関係の仕事を始めた」と言いつつ、生活保護は相変わらずもらっていた。

そして野田が逮捕される3カ月前、運営会社の幹部が暴力団絡みの事件に巻き込まれて摘発されてしまい、サイトが閉鎖されるというハプニングがあった。

困った野田は別のサイト運営会社に連絡を取り、「動画を買ってくれないか？」と持ちかけたところ、「あなたが有名な『忍』さんですか。ぜひ、買い取りましょう」と二つ返事でOKされた。

その後、野田は運営会社のリクエストに応えて、スカトロビデオばかり撮るようになった。昏睡している女性に浣腸して、脱糞させるばかりか、それを口の中に押し込む映像を撮影し、成功するたびにメールで報告していた。

さらに運営会社の指示で下半身の剃毛まで始めた。被害者の下着を脱がして、アンダーヘアを剃るまでの一部始終を撮影し、その現物をチャック付きのビニール袋に入れる。それだけで別途3万円が支払われたからだ。

女性たちは犯行に気付かなかったというが、ある日、ネット上に自分の動画があることを知人に指摘された20代女性が警察に相談したため、事件が発覚。野田はあっけなく逮捕された。

警察の調べで、被害者は約100人に上り、野田の大学時代の知人や交際相手の女性も同様の被害に遭っていたことが分かった。警察は39人の被害を裏付け、うち21件が起訴された。

「自分の性欲というより、食うために職業的にやっていた。自分は悪魔に魂を売ったんだから、どんどん仕事するしかないだろうという気持ちになっていた。被害者には医師や看護師を装って騙し、友達を勧誘させるなど、犯行の一部を手伝わせてしまった。しかも動画を流出させて、一生消えない不安感を与えてしまった。自分のやっていたことは、本当に鬼畜としか言いようがありません」

裁判所は「被害者の人格を一切顧みず、自己の性的、金銭的欲望のおもむくままに行われた犯行。酌量の余地はまったくない」と断罪し、懲役18年を言い渡した。

この刑期が長いか短いかは判断の分かれるところだが、野田の身体はボロボロで、拘置中に心臓病の手術を受けたこともあった。もはや生きてシャバに帰るのは絶望的で、獄中死しか待っていないのも自業自得と言えるだろう。

# 盗撮犯から金をむしり取る「ブラックハンター」という裏仕事

東京発

『週刊実話』2019年1月3日号

武井大輔（29）と池田俊太（28）は小学校以来の遊び仲間。約1年前、2人は繁華街で知り合った男たちが「盗撮犯を見つけて金を巻き上げる」という行為をしている現場に遭遇した。

「お兄さん、オレの彼女を盗撮しとっただろう。撮った映像を見せろ。それとも警察へ行くか？」

心当たりのある男は必ず言いなりになる。そこでインターネットを開き、盗撮の示談金相場が50万円～100万円であることを示し、金で解決する方を選ばせるのだ。

「盗撮犯なんて街に掃いて捨てるほどいるし、やたら女に密着したり、おかしな動きをしてるから、すぐ分かるんだ」

彼らはそういう男を駅などで見つけ出し、LINEのグループトークを立ち上げて、発見場所、服装、人相などを情報共有。「声掛け役」「彼氏役」「兄役」「通行人役」「見張り役」などを役割分担して、盗撮犯から金を奪い取るという行為を繰り返していた。

「面白そうッスね！」

「だろ、これほどラクに金を取れる方法はないぞ。あとはいかにして盗撮犯を見つけ出すかというコツをつかむだけだ」

武井と池田はそのグループに加わり、盗撮ハンターの手口を学んだ。盗撮の常習犯はスカートの中にスマホを突っ込むなどというバレバレな方法は採らず、1センチ角にも満たない超小型カメラを靴の先に仕込んだり、カバンに取り付けたりして、それをさりげなく女性の股間に持っていくという動きを見せる。

武井と池田は彼らにレクチャーを受けるうちに、自分たちでも盗撮犯を見破れるようになった。

「これだったらオレたちだけでもできそうだ。今のグループにいても分け前が少ないし、自分たちだけで盗撮ハンターを立ち上げよう」

2人は同様に小学校以来の遊び仲間である金岡泰弘（28）を誘った。さらに繁華街で知り合った仲間やその知人も含めて、計6人で新たな盗撮ハンターを結成した。

「まず、ギャラの配分を決めておこう。盗撮犯を発見した者が20％、交渉役に当たる者が50％、あとの者はフォローに回って30％を分け合うことにしよう」

グループのリーダーは不在だったが、多額の借金があった武井は積極的に交渉役を買って出た。たいていはグループの誰かが盗撮犯を見つけ出し、武井に引き継ぎ、他の者が脅しにかかるというパターンだった。

ある日、金岡がアミューズメント施設に近い駅で盗撮犯を発見した。すかさずＬＩＮ

Eのグループトークを立ち上げ、〈スカートの下に靴を入れ込んでおかしな動きをしている男がいる〉と打ち込んだ。

残りのメンバーはすぐさま配役を分担。金岡が追跡中、彼氏役の武井が現場に駆け付け、乗り換え駅で男がホームに降りたところで声を掛けた。

「お兄さん、オレの彼女を盗撮してたね。○○駅から見とったんだよ。警察へ行こうじゃないか」

「ちょ、ちょっと待ってくれ…。警察だけはカンベンしてくれ…」

「それなら話し合いをするために駅を出ようか」

そこへ知人を装った金岡も現れ、2人は近くの駐車場に哀れな盗撮犯を連れ込んだ。身体検査をすると、靴の先にカメラを仕込み、その配線が靴下の中からカバンの中へとつながっていることが分かった。身分証から、その男は会社員のA（44）と判明した。

「盗撮していたことは認めるよな」

「ハイ…」

「盗撮の示談金は50万～100万円が相場だよ。その間を取って、75万円にしようか。オレと彼女の分で計150万円な」

「そんな大金…」

そこへ通行人役の池田がやってきた。

「何かあったんですか？」

「ちょっと盗撮の被害に遭って…」

「それなら警察に行くべきじゃないですか？」

「こっちもそうしたいんだけどね…」

慌ててAは首を振る。

「ちょっと待ってください。警察だけはカンベンしてください。お金で解決させてください。お願いします！」

Aは武井らに求められるがまま、会社名、年収、家族構成、実家の住所などを話した。自分が盗撮していたことに対する謝罪と150万円を支払うという動画の撮影にも応じた。

さらに翌日から別のメンバーが兄役に扮して、「お前、親から金を借りる算段はついたのか。どうやって金を工面するんだ！」という電話を執拗にかけた。

Aは疲れ果て、自分の車を売って金を工面した。それでも150万円には足りなかった。

「分かった。こっちも少しは泣いてやる。100万でいい。死ぬ気で用意しろ」

一週間後、武井らはその金を85万円と15万円の分割で受け取った。その際に身分証をコピーした紙の裏に〈このことは決して口外しません。悪いのは私です〉という念書を署名入りで書かせた。Aは最後まで自分が騙されていたことに気付いていなかった。

こうして何度も犯行を重ね、一つの犯行が終わるたびにLINEのグループトークは消していた。新たなグループトークが立ち上がることは、新たなカモが見つかったことを意味していた。

最後の犯行となったのは、メンバーの1人が、単独で盗撮犯を見つけたという事案だった。

〈金岡もたまには声掛けをやってみるか？〉

〈どうやって声を掛ければいいかな？〉

〈お兄さん、さっきオレの彼女のこと撮ってましたよね、とか言ったらいいだけだよ〉

〈分かった。やってみる〉

金岡がその通りにやってみたところ、相手はビビりまくり、何も言わないうちから「示談したい」と言い出した。

〈それならオレがフォロー役としてそこへ行くよ。駅前の消費者金融街に誘導して待っ

ていてくれ〉

武井が通行人役、池田が兄役としてフォローしに行くことになった。

先に武井が着いて、消費者金融の審査を受けさせたところ、その男は融資が受けられないことが分かった。

「実は8年前に自己破産してまして…」

「金が用意できないなら、警察に行くしかないな」

「それだけはカンベンしてください…。自分、前科があるんですよ。今度パクられたら実刑になります…」

男のスマホを調べると、盗撮画像が2000枚以上も出てきた。その中には幼い少女を盗撮したものもあった。そこへ兄役の池田もやってきた。

「こいつか、妹のスカートの中を盗撮したって男は」

「どうしようもないロリコンマニアで、前科もあるんだとよ」

「こんな悪質な奴は警察に連れていくか？」

「すみません…。お金を払うので、何とか警察だけはやめてもらえませんか？」

池田らは男から免許証を取り上げた。男は会社員のB（39）と分かった。

「会社の社長か母親に何とかお金を借りますので…」

「じゃあ、あとの話は妹の彼氏としてくれ。妹の彼氏が見つけたんだからな」

結局、Bは100万円を支払うということで解放された。5日後、約束の場所で待っていると、複数の屈強な男たちに取り囲まれた。Bから通報を受けていた刑事たちだった。

最初に武井と最年少のメンバーが逮捕され、続いて池田と金岡も捕まった。さらにもう1人捕まったが、本名も不明だったメンバーは行方不明になった。

「刑事さん、捕まえるんだったら、あいつらの方ですよ。悪質極まりない連中です。証拠だってあります。オレらとあいつらではどっちが悪いんでしょうか。警察には捕まりたくないと示談を持ち掛けてきたのは、あいつらの方なんですよ」

警察は彼らを「ブラックハンター」と呼ぶ。恐ろしいのは盗撮犯を脅すブラックハンターが、彼らだけではないということだ。すでに相当数のグループが暗躍しており、摘発が相次いでいる。

それだけ盗撮犯が多いということは、それだけ被害者も多いということだ。彼らは半年で30件以上の犯行を重ね、3000万円以上を儲けていた。それとて氷山の一角なのである。

男と女の性犯罪実録調書

# 風俗店の同僚を橋の欄干から55メートル下の川に転落させた多重人格女

福岡発

『週刊実話』2020年9月3日号

その事件は山中の谷底を流れる川から女性の遺体が発見されたことから始まった。身許は風俗嬢の江藤由梨さん（25）。由梨さんの体内からは4種類の睡眠薬が検出され、川底に頭を強打した脳幹部損傷が死因とされた。

警察は事件と自殺の両面から調べたが、由梨さんが現場まで車やタクシーで行った形跡はなく、墜落したとみられる橋の欄干から由梨さんの指紋が見つかり、ぶら下がった際にできるような形状だったことから、事件性が高いと判断した。

その背後関係から、すぐに浮上してきたのが事件の2カ月前まで同居していた風俗嬢の比嘉奈美（29）だった。奈美と由梨さんは事件の約1年前から同居しており、まもなく奈美が男児を出産してシングルマザーになると、育児を手伝うなど、2人の関係は「親友」とみられていた。

ところが、奈美はそんな状況でありながら、赤ん坊の父親ではない元客の都築敦さん（30）とも同居を始めた。

赤ん坊を含めた4人暮らしが始まり、奈美は「子供を迎えに行け」「健診に連れていけ」などと都築さんをアゴで使い、ケンカになるとヒステリックにわめくので、次第に都築さんは一緒にいるのが嫌になって、4カ月後には出ていった。

荒れた奈美は赤ん坊の面倒を見ないようになった。由梨さんはそれに耐えきれず、児童相談所に相談した。赤ん坊は一時的に児童相談所が保護したのち、わずか10カ月で奈美の実家の両親に預けられることになった。それをきっかけに由梨さんも奈美の自宅を出ていった。

「あの女のせいですべてを失った」

奈美は逆恨みし、由梨さんに対する怒りを募らせる一方、都築さんにも未練があったので、ストーカー行為を開始した。会社にも自宅にもガンガン電話をかけまくり、自分とのデートを要求。都築さんがそれに折れて、ホテルでセックスすると奈美の機嫌が良くなるので、同居を解消してからも週1~2回のペースで会っていた。

だが、奈美から「私が不幸になった責任を取れ」「生活の面倒を見ろ」「姪っ子を殺すぞ」といった脅迫的な電話をかけられるうち、どんどん奈美に対する気持ちは離れていき、精神的にも病むようになった。

第1の事件当日、都築さんは「これ以上付き合うくらいなら死んでやる」と言って口論になり、奈美と自殺の名所へと足を運んだ。そこから母親に「これから自殺する」と電話したため、驚いた母親が奈美の家に駆け付けたところ、赤黒い顔で横たわる息子の姿を見つけた。

「これはどういうこと？」

「死ぬと言ったけど、死ななかったんで、ここに戻ってきたんです」

近くには大量の薬剤シートや洗濯ロープのようなものが落ちていた。

「これを飲ませたの？」

「うん」

「これで首を絞めたの？」

「うん」

奈美は何ら悪びれることもなく答えた。息子の意識はあったものの、フラフラして歩けない状態だったので、母親は病院に連れていった。

そのときに母親は息子の首に残っていた2本のロープの痕をスマホで撮影した。奈美からは〈この度はご迷惑をかけました〉〈安否が知りたいです〉〈受診料を払いたい〉といったメールが届いたが、都築さんは「もう奈美とは関わりたくない。これを警察に届けて、騒ぎになるのもイヤだ。なかったことにしよう」と言うので、母親はこのことを秘密にしておくことにした。

一方、由梨さんに対する逆恨みも募らせていた奈美は、由梨さんも同様に睡眠薬を飲ませて殺害することを計画した。事件の10日前にはサイトで知り合った自殺志願者を連れて現場の下見に行った。

また、「マキシカイト」という架空の男性を名乗って、由梨さんに接触。〈心霊写真の撮影のアルバイトに行ってほしい〉と持ちかけ、奈美と現場の橋まで行くことを提案した。

この間、奈美はインターネットで睡眠薬の効能を調べたり、親しい知人女性に「由梨を自殺に見せかけて殺す」などと漏らしていた。

第2の事件当日、由梨さんは「マキシカイト」を名乗る奈美に〈現場は危険だから、薬を飲んで行った方がいい〉と指示され、奈美が用意した4種類の睡眠薬を飲んだ。まもなく酩酊状態になった由梨さんを車から降ろし、橋の欄干に連れていき、55メートルもの高さがある橋の上から由梨さんを突き落としたのだ。

警察は地道な捜査を続けるうち、もう1人の同居人だった都築敦さんに対する殺人未遂事件の端緒をつかみ、まずは奈美を殺人未遂容疑で逮捕した。

だが、由梨さんの事件については否認した。奈美の車が事件当日に現場周辺を走っていたことを突き止められると、由梨さんと一緒に現場付近に行ったことは認めたが、「突き落として殺害したことは記憶にありません」と繰り返した。

奈美の事件は一度は殺人罪で起訴されながらも、奈美が「事件当時は3つの人格が存在していた」などと言い出し、長期間の精神鑑定にかけられることになった。その結果、精神科医が出した結論は「被告人は無罪願望で、わざと自己に有利な空想を作っている」というものだった。

それでも奈美は犯行を否認し、初公判の人定質問で氏名を問われた際には「解離性同一性障害の交代人格のゆきのです。戸籍上は比嘉奈美の名前を有していますなどと答えた。

都築さんに対する殺人未遂事件については「該当する日時の記憶は有しておりませんが、他の交代人格が認める事実として、該当する事実に都築さんと私の住んでいた自宅にいたことは認めます。しかし、危害を加えることは一切しておりません」と述べた。

由梨さんに対する殺人事件については「一つ目の事件と同様、記憶を有していませんが、他の交代人格として現場の橋にいたことは認めます。由梨さんに対して薬を飲ませたり、墜落させたりすることはありませんでした」と述べた。

検察側は被害者と一緒にいたのに通報をせず、被害者の携帯電話を捨てた上、事件直後には「マキシカイト」のアカウントを消去していたことなどを追及したが、奈美はすべてを交代人格のせいにした。

「人格はいくつあるのですか？」

「10個以上。番号をふったり、名前を付けたりしています。今は奈美です。主人格です」

「由梨さんはどのように橋から転落したのですか？」

「振り向いたときは欄干の外側にいた。由梨さんが自ら橋の欄干の外に出て、『もう終わり』と言った。由梨さんの手をつかんでいたが、彼女がよじれるような体勢になり、支えられなくなって、つかんでいた手が離れました」

「由梨さんが転落した後はどうなりましたか？」

「転落した後はどの人格の記憶にも一切ない」

「記憶がないにもかかわらず、今、由梨さんが転落する様子を詳しく知っているのはなぜですか？」

「他に見ていた人格から、1年以上あとに話を聞くことができたからです」

「そもそも由梨さんはなぜ橋の上にいたのですか？」

「由梨さんはトイレに行きたがっており、『もうここでする』と言って、車から降りていった。トイレの後、自分で欄干を乗り越え、自分で転落しました」

奈美は事件後、新しい彼氏を作り、フェイスブックにツーショット写真やキス写真をアップしたりしていた。ハイテンションなコメントを残しており、5年間も犯行を否認し続けるタフさはサイコパスを思わせる。

都築さんは奈美が主張する多重人格説について、「聞いたこともないし、それをうかがわせる行動もなかった。どちらかと言うと、押し黙ることの方が多かった」と述べた。

これを裁判所はどう判断したのか。

奈美が処方されていたものと同じ睡眠薬の成分が由梨さんから検出されたことなどから、「犯人と示す事実がこれほど偶然に積み重なることはない」と指摘。「動機は不明だが、被害者を憎んでいたとしても逆恨みで、無慈悲で冷酷な犯行だ」と断罪し、懲役22年を言い渡した。

奈美は判決言い渡しにも微動だにせず、じっと裁判長を見つめていた。

なぜ、都築さんや由梨さんは奈美の取り巻きになっていたのか。それは奈美が霊能者を装っていた節があるからだ。教えてもいない携帯番号に電話がかかってきたり、勤務先を割り出されたり、前日の行動を見ていたかのように語ることもあった。由梨さんは最後まで「マキシカイト」の存在を信じていたし、都築さんは奈美が「除霊の集団に属している」という話を真に受けていた。

おかしな事件の裏側には、必ず常人が理解できないような事情が潜んでいるのである。

# アイドルの瞳に写った景色から自宅を割り出した狂信的ファン

東京発

『週刊実話』2020年4月2日号

小野豊（26）は自動車専門学校を卒業し、大手カーディーラーに就職した普通の青年だったが、学生時代から「会いに行けるアイドル」にハマっていた。

女性経験は皆無。応援しているアイドルの人気ランキングが上がることだけが楽しみという典型的なアイドルオタクだった。

社会人2年目になった頃、それとは別にライブハウスなどでのみ活動する地下アイドルの存在を知った。

テレビで活躍するアイドルはCDを買って握手会に行っても10秒ほどしか会話できないが、地下アイドルは1枚1000円程度のインスタント写真を撮るだけで、60秒は会話できた。小野はどんどん地下アイドルにハマっていき、それが決定的になったのは、のちに被害者となる杉本翔子さん（21）が某グループに加入したことだった。

小野は翔子さんの人気ランキングを上げようと、指名でCDを数百枚も買ったり、何枚もインスタント写真を撮ったりして、翔子さんの1番のファンと周囲にも認められ、「トップオタ」と呼ばれた。

翔子さんが別のメンバーと新しいグループを結成してデビューするや、そのグループのイベントには必ず参加した。

さらにアイドルの追っかけに専念するため、会社を辞めることを決断。当然、周囲は反対した。

「アホか、お前は。そんなことで辞めていいのか。もう少し先のことを考えろ」

しかし、小野は聞く耳を持たず、最後のボーナスと退職金を合わせて80万円を手にすると、わずか2カ月で使い切った。

収入源がなくなった小野は、消費者金融からの借金でやりくりしていたが、そんなムチャな生活は長く続かず、金の切れ目が縁の切れ目で、だんだんと翔子さんの態度が冷たくなっていった。

事件の1週間前、小野は公演後のオリジナルグッズ販売イベントで、翔子さんにねだられて4500円のバッグを買わされた。それをそのままプレゼントしたところ、「ありがとう」と言われたが、のちに事務所社長とこんな会話をしているのを聞いてしまった。

「そのバッグどうしたの」

「豊君に買ってもらった」

「良かったじゃない」

「ちっとも良くない。欲しくないのにもらわされた。勝手に買ったんだ」

それを聞いて小野はメラメラと怒りをたぎらせた。これだけ尽くしているのに、それはないんじゃないか。バカにされてるんじゃないか。何とか見返してやりたいという気持ちから、翔子さんの秘密を握りたいと考えるようになった。

「そういえば以前、別のファンから彼女を地下鉄○○線で見かけたことがあるって聞いたことがあったな」

その情報をもとに翔子さんがツイッターでアップした写真をくまなくチェックしたところ、〈今から出勤します〉と、自宅の最寄り駅と見られる場所で写した1枚を見つけた。

その駅は地下鉄なのに屋外で、ホームの壁際に石の段差が見えた。

さらに小野が注目したのは、瞳の中に写り込んだ景色だ。瞳を拡大して分析したところ、反り上がった屋根が写り、線路が3〜4本あることが分かった。

これをグーグルのストリートビューで検索し、すべての条件が合致する有力な駅が浮かび上がった。実際に足を運んで確認したところ、背景に写っていた看板なども一致。撮影場所も特定した。

「この駅に違いない。ここで張っていれば、彼女が現れるのではないか」

小野はライブが終わる時間に合わせて待ち伏せし、人ごみの中から翔子さんを見つけ出した。そこからは相当離れて尾行し、彼女のマンションを突き止めた。

外からマンションの様子を確認して、翔子さんの部屋は503である可能性が高いことが分かった。なぜなら、いつも彼女は動画を生配信する際にピンクのカーテンを背景にしており、それに該当する部屋がそこしかなかったからだ。

小野は翔子さんが動画を配信する時間まで待つことにした。生配信する時間はメンバーごとに決められている。小野は動画が配信されるのと同時に、スマホを片手にマンションの入り口の、5階の部屋のオートロックのインターホンを順番に押していき、翔子さんがその音に反応したことから、自宅は503であることを特定した。

「これでいつでも侵入することができる…」

小野はネットで〈うまく失神させるコツ〉や〈手足の拘束Q&A〉といったキーワードで検索し、マンションに侵入するための下見を2度も行い、マンションと隣接する不動産会社との間の隙間を通り、マンションの壁を乗り越える方法を編み出した。

事件当日、小野は何食わぬ顔で翔子さんのグループのライブに参加し、インスタント写真でツーショットに納まり、〈ライブで2公演、お疲れさまでした。めちゃくちゃ楽しかったよ〉などとツイートした。

だが、この日はあらかじめレイプするために顔をふさぐタオル、目立たないようにカムフラージュするための黒いTシャツを用意し、ライブが終わると翔子さん宅の最寄り駅に直行。駅のトイレで黒いTシャツに着替え、翔子さん宅に向かった。

予定していた通り、マンション内に侵入し、エレベーターで5階に上がった。翔子さんの部屋の横には4階と通じる階段の踊り場があったので、そこで待ち伏せした。

午後10時50分、翔子さんが帰宅した。何も知らずに玄関ドアにカギを入れ、解錠してドアを開けたときに後ろから襲いかかった。

「キャーッ…」

叫ぼうにも、顔面にタオルを押し付けられ、声を出すことができない。翔子さんは下足フロアで転倒し、その際にスカートの中に手を突っ込まれ、尻を撫でまわされた。

「誰か来てー、助けてー」

さらに男は顔面にタオルをかけたまま、失神させようと首を絞めた。このままでは殺される――。

そのときだ。

「警察を呼びます」

玄関の外から隣人の声がした。すると男は慌てて逃げていった。玄関先には黒色のタオルとヒモが切れたマスクが落ちていた。

翔子さんは全治1週間のケガ。警察は強制わいせつ致傷事件とみて、捜査を開始した。

所属事務所から翔子さんがしばらく今後の活動ができなくなるということが発表されると、小野は何食わぬ顔で〈翔子ちゃんの体調が一日でも早く良くなりますように〉〈ずっとずっと待ってます。また笑顔で会いたいな〉などとツイートしていた。

それから2週間後、小野が逮捕された。1番のファンによる犯行という点でも驚かされたが、小野がどのようにして自宅を突き止めたかという手口を知らされるや、翔子さんは「一気に寒気がしてきた。体の血が全部逆流するほどの恐怖でしかありません」と震え上がった。

「自暴自棄になり、死ぬ前にやりたいことをやろうと思った。彼女がタイプだったことは間違いない。彼氏になりたかったし、自分のものにしたかった。でも、彼女が倒れている姿を見て、これが本当に現実なのかという思いがあったので、それ以上のわいせつ行為は考えなかった。こういうことをした時点でもうファンではない。でも、彼女にも非はあったと思う。もう少し私のことを、普通のファンと同じように扱ってほしかった」

小野がアイドルの追っかけなどで作った借金は800万円もあるという。翔子さんは事件を機にステージに立てなくなった。復帰の時期を探っていたが、9カ月後には引退を発表した。それだけ精神的苦痛を負ったということだ。

裁判所は「事前にマンションの下見や待ち伏せをした計画的な犯行。自暴自棄になり犯行に及んだというが、原因の大部分は被告にあり、身勝手だ」と断罪し、懲役2年6カ月の実刑判決を言い渡した。

男と女の性犯罪実録調書

# 内臓マニアが繰り広げたデリヘル嬢との〝殺人遊戯〟

大阪発
『週刊実話』2016年3月24日号

9年前、白昼に呼び出されたデリヘル嬢（21）が客の男に刺殺される事件があった。その客は当時54歳だった白木康司（63）。20年以上前にバツイチとなり、自宅でリフォーム業を営んでいる男だった。

デリヘル嬢の遺体には果物ナイフで腹部を数回刺された痕跡があり、白木も自分の腹に果物ナイフを突き刺してケガをしていた。白木は10日ほど入院した後、殺人容疑で逮捕された。

だが、白木は「犯行時は多量に飲酒していて、断片的な記憶しかない」と言い張った。業を煮やした刑事は殴る蹴るの暴行を加え、無理やり供述調書を作った。

その取り調べの直後、接見した弁護士が唇から血を流している白木を見て、暴行を確信。当時、弁護士会が利用を呼びかけていた「被疑者ノート」を差し入れし、取調官の言動を記録させた。

《髪を持って引きずられ、土下座の姿勢で靴で頭を10回、顔を1回けられ、唇が切れてはれた》

《あごを裏拳で10回殴られた。脱いだ靴で頭を5回殴られた》

これが公判で弁護側の証拠として採用され、裁判所は「暴行に関する被告人の供述が具体的で、被疑者ノートとも一致しており、信用性が高い」として、警察が作った供述調書2通の証拠能力を否定した。

白木の刑事責任能力についても「数日前から飲酒していた影響で、犯行当時酩酊しており、心神耗弱状態だった」と認め、求刑15年に対して「懲役6年」という格段に軽い判決を言い渡した。

捜査側のミスによる信じがたい黒星。結局、白木は未決勾留日数がその刑に算入され、4年ほどで出てくることになった。

出所した白木は生活保護を受けるようになったが、1年半後にはアルコール依存症で入院した。その頃からまた白木の特殊性癖である、女性が切りつけられる映像をサイトで見るようになった。

白木は普段は不能だが、それを見たときだけは勃起する。いわば暴力と性欲が直結しているタイプで、前回の事件もEDを克服するためにデリヘル嬢を呼んだようなものだった。

そんな恐ろしい性癖を持った男が短期間で野に放たれ、さらなる事件を起こしたのは出所してからわずか1年8カ月後のことだった。

その日も白木は女性が刃物で切りつけられる動画を見て興奮状態となり、しかも酒を飲んでいてへべれけになっていた。事件前、500キロ以上も離れた都市にある便利屋に電話をかけて、「自分を採用してほしい」と頼んだり、見ず知らずの女性宅に電話をかけて、「あなたのことを心配しています」などと話したりしていた。

さらに事件直前、これまでほとんど付き合いのなかった隣人宅に上がり込み、「ネットで事業を起こすから一緒にやらないか？」と勧誘。迷惑がられて帰ることになり、その挙げ句に金髪外国人専門のデリヘルに電話をかけたのだ。

派遣されることになったのは、コロンビア人のエイミーさん（38）。運転手が先に金を取りに行き、車の中で待っていると、白木が路上まで出てきてエイミーさんの容姿をジロジロと品定めした。

「オッケー、カモン！」

一緒に部屋へ行く途中、止まっていたバイクを指さし、「このバイクをあげる」とキーを渡してきた。

「ノー、ノー、結構です」

「いいからあげるって」

「ノー、要らないです…」

この時点で「何か変な人だなァ…」というのは感じていたが、部屋に入ってからそれは確信に変わった。

白木に促されてこたつの座布団に座ると、白木も隣に座ってきた。てっきり体でも触るのかと思いきや、開口一番、こんなことを言ってきた。

「SMは好きか?」

「ノー、ノー、そういったサービスがいいなら、別の店でお願いします」

それに構わず白木は1万円札をこたつの上に置き、「じゃあ、これで私をいじめてほしい」と言って自分の腹を見せた。そして、「このあたりを叩いてほしい」とジェスチャーで説明した。

「この1万円はあげるよ。1回叩いたら1000円、10回叩いたら1万円を追加料金として払う」

エイミーさんは戸惑いながらも、白木の腹を何度か叩いた。すると白木は「もっと強く叩いてほしい。もっともっと強く!」と興奮状態になり、「もうできません…」と言う彼女に、また1万円を差し出してきた。

「今度は私にお腹を叩かせてくれ」

「ノー!」

「私もあなたと同じように優しくゆっくり叩くから」

しぶしぶエイミーさんは了承したが、だんだん強く叩くようになり、その真剣なまなざしを見て怖くなってきて、「もうやめてください」と拒絶。白木は「分かった。じゃあ、お腹を見せるだけでいいから」と〝妥協〟してきた。

エイミーさんがパーカーをまくってお腹を見せるや、「かわいい、かわいい」と連発した。「最後にお願いがあるんだ」と言って立ち上がり、台所に移動。

エイミーさんも立ち上がって、その様子を見ていたところ、白木が別人のような怖い顔つきになって戻ってきた。その手には何かが握られていて、それを後ろで隠していた。

（ナイフだ…!!）

そう思った瞬間、いきなり白木は腹に突き刺してきた。思わずエイミーさんはナイフをつかんだ。さらに白木は何度も刺そうとし、傷口から腸が飛び出しているのを見ると、「もっと見たい、もっと見たいー!!」と興奮状態になった。

「待って…、私が何か悪いことをしたのなら謝ります。お願い、許して…」

それでも白木は聞く耳を持たない。エイミーさんは片手で白木の手を押さえながら携帯電話を取り出し、「ポリス来てー、痛い！」と店の事務所に電話した。

その隙に白木は素早く近寄り、今度は心臓のあたりにナイフを突き刺した。

「やめて…、もう私、死んじゃうわ…」

エイミーさんは血まみれになりながらも、命からがら部屋を脱出した。そこへ運転手がすっ飛んできて、110番通報した。

「デリヘル嬢が客の男に胸と腹を刺された。すぐ来てください！」

まもなく警察が到着。白木は逃げることなく、部屋の中で待っていた。

「彼女が果物ナイフでミカンの皮をむいていて、私の腹を突くようなそぶりを見せたから、刺されると思い、ナイフを取り上げて刺し返したんだ」

白木はまたも殺意を否認し、殺人未遂罪に問われた公判では「犯行時は多量の飲酒による心神喪失状態だった」として、無罪を主張した。

「覚えているのはデリヘル嬢を呼んだこと、彼女が部屋に来たこと、彼女が外国人だったこと、お腹を叩く遊びをしていたことだけです。彼女が『ミカンの皮をむいてあげる』と言いながら、ナイフを私に向けてきたので、恐怖心から刺してしまった。しかし、彼女が元気そうに外へ出ていったことは覚えています」

これを聞いて、エイミーさんは激怒。当然ながら、デリヘルの仕事は2度とできなくなり、自国で治療したところ、保険がきかずに莫大な治療費がかかった。結局、日本に舞い戻り、別の仕事に就くことになった。

「誰もいない私の部屋に知らない男の人が入ってきて、襲ってくる悪夢が頭を離れない。日本の法律で被告人をずっと刑務所に閉じ込めてほしい。被告人は以前にも同じことをして、また次も同じことをするに決まっている。しかも、被告人にはお金がない。私に対する慰謝料が5万円なんてふざけている。日本の国が補償してほしい。日本の国は被告人をよく調べず、自由の身にしてしまった。私にこういった被害を負わせた責任はこの国にもある」

今回は被害者が生きているだけに、白木の旗色が悪い。前回の事件のように、警察が取り調べで暴行した事実もなかったため、殺人未遂罪にもかかわらず、今度は求刑通り懲役13年を言い渡された。

男と女の性犯罪実録調書

# 美人局で10年間生活してきたスワップ夫婦の錬金術

大阪発

『週刊実話』2014年5月29日号

中原一也（46）と小百合（42）は美男美女の夫婦だ。若くして結婚し、一人娘をもうけ、何不自由ない生活をしていた。

だが、結婚して十数年経った頃、夜の生活がマンネリになり、当時ブームだったカップル喫茶に行ってみたところ、目の前で見知らぬ男に抱かれる妻を見て、異常なほど興奮し、夫婦生活が一変して激しく愛し合うようになった。

「今日の男より、ずっとオレの方がいいだろう」

「当たり前じゃない。何言ってるの」

「でも、お前…、あんなに乱れてたじゃないか」

「それを言わないで…」

2人は倒錯的なセックスが病みつきになり、中原はたびたび妻を連れてカップル喫茶に出かけていた。そんなある日、中原はそうやって知り合った男の1人と小百合が、2人だけで会っていることを知ってしまった。

もちろん中原も相手の男の妻を店で抱いたが、恋愛に発展させるのはルール違反。妻は浮気を認め、相手の男に言い寄られ、口説き落とされた経緯を話した。

中原は烈火のごとく怒った。直ちにその男を呼び出し、「どういうつもりなんだ！」と抗議したところ、相手は全面的に自分の非を認め、「申し訳ない。あなたの主張はごもっともだ」と言って、現金50万円を差し出してきた。

「会社にバラすのだけはどうか勘弁してください。スワッピングが趣味だなんて知られたら、とても今の職場にはいられない…」

それ以来、中原はカップル喫茶に行くこともなかったが、この出来事は中原に大きな影響を与えた。人妻に手を出したことを会社に知られるのは、それほど恐ろしいことなのか。

それに今まで気付かなかったものの、妻は見知らぬ男とでも寝られるタイプなのだ。とすれば、これを利用しない手はない。浮気と思えばムカつく。しかし1回100万円単位のビジネスだと思えば、それほど悪くないだろう。

中原は妻に美人局を持ちかけた。嫌がる妻を強い口調で押し切った。

「もともとお前の浮気が原因だろう。オレに対する償いはどうするんだ。ちょっとばかり儲けたらすぐにやめるから、今度はオレに協力しろ！」

中原は出会い系サイトに自らを架空の人妻として登録。まともな会社で働いていて、できるだけ社会的地位の高い既婚者を見つけると、〈私、もう疼いちゃってダメ…〉などと官能小説ばりのエロメールを送ってその気にさせ、会う約束を取り付けた。

「いいか、お前は旦那とセックスレスで、飢えた人妻って設定になってるからな。それを頭に置いて積極的に色仕掛けするんだぞ」

小百合は待ち合わせ場所に行き、初対面の相手とホテルに入るだけだった。会話は適当に合わせる。最初の出会いからその後の密会まで、相手との連絡をすべて取り仕切っていたのは夫の中原だった。こうして妻を数回抱かせ、相手が骨抜きになったところで、浮気の現場に乗り込み、こう啖呵を切るのだ。

「最近、妻の様子がおかしいんで、尾行してみたらこういうことやったんか。人の女房に手ェ出しやがって…、どうしてくれるんや。オタクの会社か自宅へ行って話し合いをしようやないか」

「いや、それだけはやめてくれ…」

相手がどうごまかそうと、相手が言っていたことはすべて中原がメールで把握済みなのだから、言い逃れはできない。結局、相手はその場で消費者金融をはしごし、限度額まで借金し、要求通りの金額を支払うしかなくなるのだ。

こうして中原が入手していた示談金は1回平均300万円。こうなると勤務先の銀行の仕事などアホらしくなって辞めてしまい、代わりに好きな競馬の研究を進め、ペーパーカンパニーのような〝投資会社〟を設立した。

才能もあったのか、3連単をボックス買いするなど、大胆かつ手堅い投資を進め、瞬く間に巨額の利益を得た。5000万円の住宅ローンを組んで、豪邸を建築。一人娘を大学まで進学させ、本人たちも贅沢三昧の生活をしていた。

金がなくなれば、出会い系サイトでエサをまいて、裕福な既婚者から金を巻き上げればいい。妻の小百合は決して喜んでやっていたわけではないが、「いつまでもできることじゃないのはオレだって分かっている。娘が大学を卒業したら普通の生活をしよう」などと言われ、約10年間にわたって美人局と競馬だけで生活していた。

だが、逮捕の1年前、中原は出来心で他人の財布を盗み、窃盗罪で起訴され、懲役2年執行猶予4年の有罪判決を受けた。中原の公判には妻の小百合が情状証人として出廷し、「今後は夫を監督し、2度と犯罪行為をさせない」などと誓約していた。警察や検察の取り調べでも美人局のことはバレなかった。

「あぶないところだったな…。でも、ここでへこんだ分を取り返すんだ！」

中原夫婦は再び美人局に精を出し、その結果、500万円もの恐喝に成功するなどして、アッと言う間に盛り返した。中原はその金を競馬につぎ込み、相変わらず〝資産〟を増やしたり減らしたりしていた。

最後の被害者は37歳の会社員だった。いつものように小百合と関係を持たせて、4カ月ほど経った頃、ホテルから出てきたところを直撃し、相手の車に乗り込んだ。

「アンタ、私の嫁に何をしてくれましたんや。嫁の様子がずっとおかしいから、アンタのことも調べさせてもらいましたで。○○会社の課長さんらしいですな。この気持ちはなかなか収まりませんで！」

手慣れた中原の脅し文句に押され、会社員は消費者金融を回って150万円を捻出し、差し出した。だが、中原の〝希望額〟は300万円。それについては「分割でいい」と妥協したつもりだったが、さらに脅し取られることを懸念した会社員は警察に駆け込み、すべてを打ち明けた。これで慌てたのは中原の方だった。

「自分は妻を寝取られた被害者だ。そのことを抗議して、相手から慰謝料をもらっただけだ。何も悪いことはしていない」

ところが、妻の小百合が名乗っていたのは偽名で、通信記録から中原の携帯電話によって発信されていたことが判明。その裏側のカラクリがすべて露見することになり、2人は恐喝容疑で逮捕された。

それまで誰も知らなかった2人の裏の顔を知って、周囲は仰天した。2人はこれだけ長く悪質な犯罪を続けておきながら、法廷では人が変わったように謝罪して泣き続けた。

「被害者には本当に申し訳ないことをした。しかし、その前に妻に対して詫びたい。妻は本来、こんなところに来なければならないような人物じゃないです。本当に良妻賢母で、私のことも娘のことも一生懸命支えてくれました。私がラクな生活をしたいばっかりに、妻を犯罪に巻き込んでしまった。『もう少しだけだから』とずっと協力させてきたのは私です。私は刑務所に行っても仕方ないけれど、妻には執行猶予を付けてあげてください」

そんな2人にとって一番恐ろしいのは、大学生の一人娘が事件のすべてを知って激怒していることだ。1度だけ面会に来たが、にらみつけて言葉も発さず、のちにもらった手紙には《パパとママのことを許せるかどうかは分からないが、人として最低のことをしたと思います》と書かれていた。

おそらく最後の審判は娘から下されるのだろう。

# 不倫相手の子供を薬物投与で堕胎した極悪医師

東京発

『週刊実話』2010年9月23日号

津木慎之助（36）は開業医を営む両親の一人息子として生まれた。中高一貫の進学校へ進み、2浪して私立大医学部に入学。卒業と同時に医師免許を取得し、実家近くの病院で研修医をしていた。

人当たりがよく、二枚目だった津木は、複数の看護師と同時に交際している噂が絶えないプレイボーイだった。そのうちの1人が、のちに妻となる女性Aさんだった。

津木は長く独身を貫いたが、Aさんとの結婚を決意。別の大学病院に勤務することになった後も、Aさんとは結婚を約束して付き合っていた。

ところが、Aさんの目が届かなくなると、大学病院で同僚になった看護師のコズエさん（30代）にも手を出した。津木はコズエさんを食事に誘い、「自分と付き合ってほしい」と言い寄った。

「両親に『結婚したいと思っている人がいる』と打ち明けたんだ。看護師だと言ったら、すごく喜んでいたよ」

こんなことを言われ、次第に結婚を意識するようになったコズエさんは、津木とは避妊せずにセックスするようになった。

一方、Aさんとは自宅マンションで同棲するようになり、入籍する日取りまで決めていた。コズエさんとは完全に〝遊び〟だったのである。

ところが、入籍まであと2日に迫ったところで、コズエさんから〈妊娠したみたいなの…〉というメールが届いた。

コズエさんによれば、体に異変を感じたので、妊娠検査キットで調べてみたところ、陽性の反応が出たという。

〈私と慎之助の大切な赤ちゃんよ。子供の名前、2人で考えなきゃね〉

津木はそれを聞いて仰天した。子供なんか産まれたら、Aさんとの結婚が破談になってしまう。この先、どんな修羅場が待っているか分からない。

津木はとっさに「親に10億円以上の借金があるから、今は結婚は無理だ」などと言ってごまかそうとしたが、コズエさんの決意は固く、出産する意志を撤回しなかった。

「何とかするしかない…」

翌日、津木は休診日であるにもかかわらず、勤務先の病院へ行き、自分が担当する無関係な女性患者の名前を使い、子宮収縮剤である「メテルギン」の処方箋を薬剤部に提出、21錠を入手した。

これは本来、予定日を過ぎても陣痛がないなど、分娩や陣痛を促すために使われるものので、十分に胎児が成長していない段階で投薬すると、胎児が子宮から押し出されたり、酸素が行き渡らずに死亡してしまうという危険なものだ。

津木はその錠剤をすりつぶし、ビタミン剤を混ぜてオリジナル粉末を作り、コズエさんに飲ませようとした。

「新しいビタミン剤が手に入ったんだ。妊婦にいいらしいんだ」

だが、相手は仮にも医療従事者である看護師。「妊娠中はできるだけ薬を飲みたくない」と拒否され、焦った津木は後日、別の医師から送られてきたように装った〈これは妊婦のために開発されたビタミン剤です〉という自作自演のメールを見せて、コズエさんを説得した。

「少しでも丈夫な赤ちゃんを産んでほしいんだ」

「ありがとう。優しいのね。頑張って丈夫な赤ちゃんを産むからね」

4日後、薬の服用による異変はすぐ起きた。コズエさんは腹痛や出血を訴えて、救急搬送される事態に陥った。

診察した医師の適切な処置で、何とか胎児の鼓動は確認されたものの、コズエさんの体調は悪化した。

「母体が弱っているな。水分と栄養を補給した方がいい。病院に行って点滴を取ってくるよ」

さらに津木は勤務先の病院から陣痛誘発剤の点滴薬を不正に持ち出し、実家の病院からあらかじめ入手していた点滴パックに注入して、コズエさんに4時間にわたり点滴した。

その夜、コズエさんは激しい腹痛に襲われ、トイレに駆け込んだ。膣内から出血があり、その血には肉片のようなものが混じっていた。

翌日、産婦人科医院に行ったが、胎児はすでに流産したことを告げられた。

「大切な赤ちゃんを失ってしまった。きっと私が無理をしたからだ…。もっと仕事をセーブすればよかった…」

嘆き悲しむコズエさんの横で、津木も悲しむフリをしていた。「誰のせいでもない。天に召されたんだよ」などと慰め、その後も何食わぬ顔でコズエさんと交際していた。

それから半年後、津木は「血液学の勉強をしたい」と自ら希望し、別の大学病院に国内留学した。

当然、妻となったAさんも一緒に連れていったが、それでもコズエさんとの不倫は途絶えることなく、津木はコズエさんに婚姻届を見せて、「いつか一緒になろう」などと取り繕っていた。

ところが、Aさんとの結婚披露宴を開くにあたり、病院関係者を通じて、その事実をコズエさんに知られてしまった。コズエさんは激怒して詰め寄ったが、「ごめん…」と言われただけだった。

コズエさんは今まで騙されていたことに気付くとともに、流産の経緯についても不信感を抱き、警察に相談した。

コズエさんは自宅に当時使用した点滴パックや津木から渡された薬剤のほか、流産の際に体内から流れ出た組織片なども保管していたのだ。

これらの成分から「メテルギン」を検出。警察は医師の知識を悪用した不同意堕胎罪の疑いがあるとみて、捜査を始めた。

その情報がマスコミに流れると、津木の自宅にテレビカメラが殺到する事態になった。マイクを突き付けられた津木は雄弁にこう語っていた。

「私自身の子供を誰かに身ごもらせたということはないですね」

「薬を打って堕ろさせたとか、何とかっていうのは寝耳に水ですね」

「栄養剤として薬を打って流産や堕胎を狙って処置したことは一切ありません」

津木は出勤途中の信号待ちの車の中で、刑事に任意同行を求められた。容疑を追及されても、「知りません」と頑強に否定したが、勤務先や実家の病院に家宅捜索が入り、津木が勤務先の病院から「メテルギン」を持ち出した記録や、同じ種類の点滴パックを実家の病院が使っていた事実などを追及されると、「愛人の子が産まれてきたら、不幸になると思った…」と言って泣き崩れ、すべての容疑を認めたのだ。

2カ月後、法廷に現れた津木は、坊主頭になっていた。勤務先の病院を懲戒解雇された津木は、裁判長に職業を聞かれ、「現在は無職です」と答えた。

公判では「命の重さを分かっている彼だからこそ許せない」とするコズエさんの調書が読み上げられ、「夫がしたことは許されることではない。夫とどうしていくかは、夫が事件をどのように捉え、考えるかを見ていきたい」という妻のAさんの調書も読み上げられた。

津木は「人として大変卑怯だった。ありのままの自分から逃げていた。被害者をいたわる気持ちもあったが、自分の身勝手さがそれを上回ってしまった」と謝罪した。

津木はコズエさんに多額の慰謝料を支払い、懲役3年執行猶予5年の有罪判決を言い渡されるとともに、医師免許取り消しの行政処分も受けた。

同情の余地は皆無だし、医師の知識を悪用した「酌むべき事情は一点もない」という犯罪だが、不倫の代償はあまりにも大きいものだった。

男と女の性犯罪実録調書

# SMパートナーをスーツケースに詰めて山中に遺棄したエリートサラリーマン

栃木発

『週刊実話』2012年7月26日号

地元住民さえ立ち入らないような山間部の橋のたもとで、粘着テープやロープで厳重に梱包されたスーツケースが発見されたのは3年前のことだった。

警察が中身を調べたところ、ほとんど白骨化した若い女性の全裸死体が発見された。司法解剖の結果、被害者は後頭部を鈍器で殴られ、首を絞められた形跡があることが分かり、警察は殺人事件とみて、捜査本部を設置した。

被害者の身許特定には難航した。捜索願が出ている地元の若い女性を中心に捜査は進められたが、まったくヒットしない。警察は遺体の骨格をもとに復元した「顔」を公開し、全国から情報を募っていたにもかかわらず、身許が特定されたのは3年近く経ってからだった。

被害者は現場から600キロ以上も離れた都心部に住む家事手伝いの佐伯華菜さん（25）だった。約4年前、「知り合いに会いに行く」と言って、家を出たまま行方不明になっていた。警察は直ちに華菜さんの自宅を捜索し、部屋にあった手紙やパソコンの履歴などから1人の男を浮上させた。それが地元の大手住宅販売会社支店長の平岡幹夫（51）だった。

警察は平岡を任意で呼び出し、「佐伯華菜さんについて、知っていることがあれば教えてほしい」と切り出すと、平岡はみるみる青ざめ、ワナワナと震え出した。警察は任意でポリグラフ検査を実施したが、犯人しか知り得ない情報について、ことごとく反応を示した。直接殺害を示す証拠はなかったが、警察の心証は限りなくクロだった。

翌日、平岡は長男（25）に付き添われて出頭した。

「私がやりました。交際を巡るもつれから殺してしまった。華菜との関係を清算したかった…」

平岡には妻と年頃の3人の息子たちがいて、華菜とは不倫の関係だった。

平岡と華菜さんは約5年前、SMサイトのチャットで知り合った。華菜さんは「真性M女」を自称し、「年上のS男性にすべてを支配されたい」などと扇情的なメッセージを書き込んでいた。

平岡はメールでやり取りした後、「一度会おう」と誘い出し、お互いが住んでいる中間地点の地方都市で密会することにした。

やってきた華菜さんは松下奈緒に似た清楚な感じの女性だった。欲情した平岡は挨拶もそこそこにホテルに入り、2人はSMプレイを堪能した。

「お前はこうされるのがいいんだろ。メス豚め！」

「ひぃぃ、お許しください…」

もともと平岡はSMに興味はなかったが、結婚後に読んだSM雑誌に触発され、マニアのサークルを通じてＭ女と知り合い、その場限りのＳＭプレイを体験してから虜になった。

Ｍ女を探し求めてテレクラに通ったり、出会い系サイトにアクセスしたり、職場の女性と不倫したりしたものの、思うようなＭ女は見つからず、華菜さんは初めて出会った理想的な女だった。

華菜さんは鞭も縛りもこなし、平岡の欲望のすべてを受け入れた。平岡は「こんな女は絶対に失いたくない」と連絡用の携帯電話を手渡し、毎日のように連絡を取り合い、華菜さんの地元まではるばる出かけるなどして、ＳＭプレイを楽しんでいた。

だが、華菜さんと付き合い始めて初めて気付いたこともあった。それはＭ女が人一倍、神経質であるということだ。特に華菜さんは感情の起伏が激しく、自分の意見と合わないことがあると激高し、自分の機嫌が直るまで電話に付き合わせるなどして、平岡を疲れさせた。

次第に平岡はプレイ以外で華菜さんと付き合うことが苦痛になり、連絡用の携帯電話を解約して、別れをほのめかした。だが、華菜さんは「私のすべてを受け入れると言ったじゃない！」と言って、応じようとしなかった。

そんな矢先、平岡を震撼させる出来事が起こった。華菜さんに「法事がある」と言って連絡を絶った翌日、会社の同僚から「お客さんから連絡があった」とメモを渡され、その番号にかけたところ、華菜さんが出たのだ。

「私よ、私。華菜よ、ウフフフ…」

「何でオレの勤務先を知ってるんだ?」

「○○社の支店長なんて有名人なんだね。あなたの名前をネットで検索したら出てきたんだよ」

その後も華菜さんはたびたび会社に電話をかけてきた。電話が鳴るたび、平岡は肝を冷やし、仕事どころではなくなった。このままではいつか会社にも現れ、不倫やSM趣味を暴露されるかもしれない。そうなれば、人生の終わりだ。自分が築き上げてきたものが一瞬で崩壊するだろう。

事件直前、平岡ははっきりと別れ話を切り出した。

「もうこれ以上、付き合いきれない。オレには妻子がいるって言ったよな。それを壊そうとするのはルール違反だ」

「私と別れるんなら裁判沙汰にするよ。こんなに年の離れた若い女をもてあそんだんだから、慰謝料は当然だよ」

こんなことを言われ、精神的に追い詰められた平岡は、「殺すしかない」と決断。着々と華菜さんの殺害計画を練り始めた。

事件直前に死体遺棄現場を下見に行き、スーツケースや凶器の金づちを購入し、華菜さんには「仲直りしよう」と言って旅費を送り、自分の地元に呼び出した。

何も疑わずにやってきた華菜さんと高級レストランで食事し、「今日はスイートルームを取ってある」と言って喜ばせ、ホテルの部屋に入った途端、後ろから金づちで殴りかかった。

「痛い！」

「死んでくれ！」

平岡は浴室にかかっていたタオルで無我夢中になって首を絞め、華菜さんを窒息死させた。華菜さんの服を脱がせて全裸にし、あらかじめ用意していたスーツケースの中に詰め込み、翌日に車で山間部に運び、橋の上から投げ落とした。

それから1年間、何事もなく過ごしていたある日、遺体が発見されたことを報道で知った。平岡は慌てたが、身許が特定されていないことに安堵し、また別のサイトで知り合った女性と不倫関係に陥っていた。

いつ警察が来るかとビクビクしながらも、若い不倫相手がいて、地位や家庭にも恵まれている現在の生活を手放すことなど到底できなかった。警察は3年越しで華菜さんの身許を特定し、やがて平岡は自分がマークされていることを知った。

ついに警察に呼び出され、指紋や口腔内細胞の提出を求められ、ポリグラフ検査を受けると、平岡は「もうごまかせない…」と観念した。家族に犯行を打ち明けたところ、妻は半狂乱になって泣き崩れた。

「自分の社会的地位や家庭生活を失うのが怖かった。彼女の行動に対する恐怖心がぬぐい切れなかった。今は申し訳ないと思うが、あのときは殺害を躊躇する気持ちもなかった…」

当然の結果だが、平岡は妻に離婚され、会社も解雇され、自宅も売却することになった。

裁判所は「強い殺意に基づく冷酷かつ残酷な犯行で、犯行後の態様も悪質だ」と断罪し、平岡に懲役18年を言い渡した。

# 不倫妻をホテル街で探してタダマンしていたニセ探偵

愛知発

『週刊実話』2007年6月14日号

型枠大工の住谷徹（43）は家族に恵まれ、高3の息子と小3の娘の父親でもあった。自分で経営する工務店には4人の若い衆がいて、「大将」と呼ばれていた。5年前に自宅を新築したばかりの働き盛り。そんな状況でありながら、住谷には家族にも秘密の〝楽しみ〟があった。

それは工務店の休業日である木曜日になると、自宅近くの高速道路のインターチェンジ付近にあるラブホ街へ行き、不倫中の人妻を物色し、目星をつけると車で尾行。相手の男性と別れて1人になったところで声をかけ、「浮気しているだろう」と脅し、口止めの条件として、自分とのセックスを強要するというものだった。

ある日、ホテル近くの路上で張っていたところ、車でホテルから出てくるときに助手席ではなく、後部座席に隠れるように座っていた浜口真理さん（37）を見て、住谷は「不倫中の主婦に違いない」と直感。そのまま尾行を始め、真理さんが途中で別の車に乗り換え、家に向かっていたところを接触し、こう脅した。

「私は私立探偵だ。今日は奥さんの決定的な証拠をつかんでしまいました。浮気相手と会い、○○ホテルに入りましたね。相手の奥さんが疑っています。この報告書を知らせたらどうなるか。何なら取引に応じますから、私の車まで来てください」

「お金ですか？」

「いや、魚心あれば水心っていうでしょう。私は鬼ではありませんよ」

口調こそ穏やかなものの、問答無用の語り口で住谷は真理さんを自分の車の中に引き込んだ。

「旦那さんに知られたくないんでしょう。あなたが自由にできるお金もないんでしょう。だったら、やることは一つしかないんじゃないですか。私があなたのことを好きになればいい。あなたも不倫しているなら…、分かるでしょう」

こうして住谷は真理さんをまんまと車の中で強姦。真理さんには逃れる術もなかった。

別の被害者である板谷麻子さん（41）が脅されたケースは、自宅近くのお宮へ連れ込まれ、その場で強姦されたというものだった。

麻子さんは事情を隠し、「痴漢に襲われた」として、警察に届け出ていた。

事件当日、麻子さんは不倫相手が勤めるショッピングモールの駐車場で落ち合い、相手の車でホテルに入った。出てくるときはサングラスをかけ、助手席で伏し目がちに乗っていたため、それを見た住谷が「不倫中の主婦に違いない」と直感。真理さんのときと同じように尾行し、麻子さんの車が止めてあるショッピングモールの駐車場までたどり着いた。そこで相手と別れ、車に乗り込み、まさに自宅まであと少しというところで、住谷に呼び止められたのだ。

「奥さんもやるねぇ。浮気してるでしょ。私は全部知っているんだから、トボけてもムダだ」

「何のことです？」

「浮気相手のことも調べてある。××というショッピングモールに勤めている男でしょう。あなたと一緒にホテルに入るところも写真に撮ってある。この写真をあなたの家のポストに入れたらどうなるか。黙っていてほしかったら、少し付き合ってもらいましょうか」

こう言って住谷は近くのお宮へ連れていき、「自分とセックスしたら許してやる」と交渉。「新しい浮気相手と思えばいいんだ」などと勝手なことを言い、口淫を命じた。それに応じるしかなくなった麻子さんは必死で射精させようとしたが、「そんなに激しくやったら出るだろう。仰向けになって寝ろ」と命じられた。

「本番はイヤです」

「何言ってんだ、さっきまで旦那以外の男とヤッていたくせに」

構うことなく住谷は、枯葉が散らばる地面に麻子さんを押し倒し、下着を脱がせて結合、最後は麻子さんの腹の上に精液をぶちまけた。

「あー、スッキリした。実は写真の話はウソなんだ。だから、安心しろ。旦那には黙っておいてやる。オレのことも忘れろ」

麻子さんは警察に相談。だが、住谷が逮捕されるのはもっと後のことで、浮気直後に脅された被害者が訴え出るケースは極端に少なく、ほとんどが泣き寝入りだった。

その後も住谷は次々と犯行を重ねていたが、逮捕されるきっかけになったのは、フリーターの進藤萌美さん（25）に対する強制わいせつ事件だった。


やはり住谷の工務店が休業日である木曜日のことだった。いつものように自宅近くのラブホ街へ出かけ、不倫中の主婦を探していたところ、極端に年の差がある男女のカップルを見つけた。「これは不倫か、愛人関係だろう」とにらんだ住谷はそのまま女性を尾行。それが萌美さんだった。

自宅近くの路上で車から降りた萌美さんは、自宅へ向かって歩いている途中で、住谷に声をかけられた。

「私はあなたの不倫相手の奥さんから調査を依頼された私立探偵だ。ちょっと話がある」

ギョッとした萌美さんは住谷の顔を見つめた。

「あなた、ずっと不倫しているでしょう。不倫相手にも非があると思う。だけど、あなたの行動は奥さんの妻権を侵害しているんですよ。いずれ損害賠償を求められることになります」

「私、どうすればいいんですか？」

「その話し合いをしたいだけなんですよ」

住谷は萌美さんを近くの駐車場の陰に連れていき、自分とのディープキスやペッティングを求めた。壁に体を押さえつけて乳房や陰部を触っていたところ、偶然にも駐車場の契約者が車を止めに来たので、住谷は慌てて逃げ出すことになった。萌美さんはその場から110番通報した。

それから1カ月後、中途半端な逃げ方をして、萌美さんを諦めきれなかった住谷は、その近くの路上で2時間以上も徘徊していた。

「必ずこの近くに彼女の家があるはずだ。もしかしたら近くを通りかかるかもしれない」

だが、その様子を見て、近所の住民が「不審者がいる」と警察に通報。警察官が駆け付け、任意同行を求めたところ、萌美さんに対する強制わいせつの事実を認めたため、緊急逮捕した。

《女性の腕をつかんでわいせつ行為の男を逮捕》

翌日の新聞で、夫の犯行を知った妻は仰天した。離婚も考えたが、子供への影響を考えて思い直し、住谷に代わって被害者と示談交渉することになった。

さらに余罪を取り調べ中、浜口真理さんと板谷麻子さんに対する事件も発覚。真理さんの事件は「自分から車に乗った行為が、暴行脅迫要件の妨げになる」とされ、起訴されなかった。萌美さんの事件についても「脅迫の根拠が曖昧」として、起訴は見送られた。しかし、麻子さんの事件だけは起訴されることになった。

「本当に申し訳ないことをした。妻にも被害者にも迷惑をかけた。被害者には、その日の行動から推測できる浮気の経緯をあれこれ並べ立て、あたかも何でも知っているように話しましたが、全部デタラメです。本当は何も知りません。浮気している女性なら、浮気していない女性より、自分との性交渉に応じてくれるのではないかと思った。手口については、何かを参考にしたわけではなく、自然と自分の頭の中に浮かび上がってきました」

裁判所は住谷に懲役3年執行猶予5年の判決を言い渡した。住谷はシャバに復帰したが、針のムシロのような生活を余儀なくされ、子供たちにも白い目で見られることになった。

結局、住谷が麻子さんに支払った示談金は１５０万円。レイプの一発ほど高くつくものはないのである。

男と女の性犯罪実録調書

# 風俗面接女性を駅前でネコババしていたタダマン常習男

東京発
『週刊実話』2018年2月1日号

杉下小雪さん（21）は風俗店のアルバイトの面接のため、ターミナル駅の出口にやってきた。風俗経験がない小雪さんはネットの求人情報を慎重に選び、〈キスやフェラ、オールヌードは一切なし。それでもヘルス並みに稼げるのが当店の特徴です〉というハンドマッサージ専門店を見つけた。

入店祝い金が3万円、体験入店でも2万円もらえるというのが気に入った。小雪さんは美容整形を受けたがっており、本業以外に土日だけで稼げるとなると風俗しかなかった。

風俗バージンがもてはやされるというこの業界の慣習も初めて知った。テクより見た目。それなら自分はすべての要件を満たしているように思えた。

小雪さんは予定より10分ほど早く着いてしまったので、スマホを眺めていた。すると声をかけてきたのが秋本貞夫（46）だった。

「今日の面接の子？」

「えっ、ハイ、そうです」

小雪さんは自分から電話をかけることになっていたので少々驚いた。

「じゃあ、ちょっとこっちに来て」

男はどんどん歩いていき、その後を付いていくと、路上に止めてあった車に乗るように指示された。

「採用するためには講習を受けなくてはいけません。いろいろと聞きたいこともあるので、今からホテルに移動します」

小雪さんは車中で志望理由や風俗経験の有無などを聞かれた。一通りの質問が終わると、男は言った。

「実は今、うちは本番できる子しか募集してないんだよね」

「えっ、私はエステだって聞いたんですけど」

「それじゃあ、お客さんが喜ばないでしょう。プラスアルファがないと」

「でも、私はちゃんとお店のサイトも見てきました」

「そしたら何て書いてあった？」

「ハンドサービスはありますって…」

「そうでしょう。今は裏オプが常識なんだよ」

男は堂々とした態度でフェラならいくら、本番ならいくらというバック金額のことを説明してきた。小雪さんは「それならできません」と断ったが、「今はどこも同じようなもんだよ」などと言われ、お金に対する未練が頭をよぎった。

「お店は派遣型ですか、店舗型ですか？」

「店舗型だよ」

　それならボーイさんもいるし、安心かもしれない。

「私、土日しかできないんですよ」

「土日でエステだけだとますます厳しいんじゃないかな。裏オプもやらないと」

「入店祝い金や体験入店のお給料はありますか？」

「もちろんありますよ。どっちかが2万で、どっちかが3万じゃなかったかな」

　これは事前に電話で問い合わせたときの金額とドンピシャだった。

　実は小雪さんはこの前日に別の店の面接を受けており、同様の質問をしたところ、ホームページ上の説明にはなかった「系列他店にも在籍する」という条件を示され、断った経緯があった。そのため、今回はどうしても働きたかったのだ。

「それならやります」

「よし！」

　男は車を発進させてラブホテルに入った。手慣れた様子で部屋を選ぶ。小雪さんは疑うことなく、部屋まで付いていった。

「じゃあ、服を脱いで」

「あなたは社員ですか？」

「派遣社員になるかな。オレはお客さん役だから」

一緒に風呂に入ることになり、男に言われるがままに股間を洗った。

ベッドに移るとヘルスの実技を命じられたが、どうしても口に含む気になれなかった。

何度もためらっては叱咤されたあげく、やっと唇をかぶせた。

「もっとおいしそうにしゃぶってくれよ。これもサービスの一環なんだからさ」

男は頭をつかんだまま腰を振り、「ううっ、出るぞ。全部飲むんだ。吐き出したりしたら承知しないぞ！」などと言いながら射精した。

（どうして講習でこんなひどいことまで…）

さらに男は生で挿入を試みてきたので、それだけは阻止しようとした。

「バカ野郎、生でヤラないと客が付くかどうか分からないだろう。さっさと足を開け！」

男はワケの分からないことを言って、亀頭の先端を裂け目に押し付けた。肉裂はなめらかな感じで内側にぬめり込み、挿入した肉茎を受け止めた。

「よしっ、イクッ、出るぞっ！」

男は肉茎の根元を強く握ったまま小雪さんの身体から抜け出し、小雪さんの目の前でバルブを開放した。体液が噴出して、鼻腔をふさぎ、まぶたの上に降りかかった。

「ヌラヌラしてるだろ。丁寧に舌ですくい取るんだ」

拒否する間もなく、男の指が小雪さんの唇をこじ開けた。その指を吐き出すこともできず、唇の中に恥ずかしい粘液を塗り込められた。

「どう、できそう？」

「やっぱりできません…」

「それは残念だな…」

「それで今日の体験入店のお給料の方はどうなりますか？」

「いや…、オレはあくまで講習を頼まれただけの立場だから」

その途端、男の歯切れが悪くなった。店の担当者の名前を聞いても答えられない。

「それなら私の名前を知っていますか？」

「○○ちゃんじゃないのかい？」

「それ、私じゃないです」

「何だって？　それじゃ、オレが勘違いしたのか。オレが迎えに行かなかったから、キャンセルになっちゃったかもしれないな…」

小雪さんも慌てて店に電話した。

「すみません、今日面接予定だった者ですけど、面接官を間違えてしまって…」

「えっ、それはどういうことですか？」

「どういうことか自分でもよく分からないんです」

「今、どこにいます？」

「ホテルです」

「ホテル？」

「今、別の店の面接官の人と一緒なんですけど」

その会話を聞きながら、男は「また駅まで送っていくから、とりあえずシャワーを浴びてきて」と促した。

小雪さんは駅まで戻る車の中でパニックになり、泣き出してしまった。

「すまなかった。オレも同業者だから、悪いようにはしないから。オレからもちゃんと謝っておくよ」

さらに一万円札を差し出してきて、「これでなかったことにして欲しい」と頼んできた。その証拠の写真を撮ろうとしたので、ようやく小雪さんは男の魂胆に気付いた。

「あなた、最初から騙すつもりだったんでしょう！」

そこへ店の関係者から電話がかかってきた。

「もう駅で待っています。車種は何ですか？　どんな服装をしていますか？」

「白いワンピースにジーンズです」

小雪さんが車を降りた途端、2人の男性が駆け寄ってきた。その姿を見て、男は車を急発進させて逃げてしまった。だが、ナンバーを控えられていたので、逮捕は時間の問題だった。

2週間後、秋本は小雪さんに対するわいせつ目的誘拐と準強姦の疑いで逮捕された。秋本は4年前にも援助交際で会った女子高生をタダマンした容疑で逮捕されたことがあり、その際には自宅から、未成年を含む60人以上の女性とわいせつな行為をしたビデオが押収された。

秋本は何人もの風俗面接女性とセックスしたことは認めたが、「合意の上だった」と言い張った。この歳までこうしたことばかりしてきた人間は、出所してもまた同じことを繰り返すのが関の山だろう。

男と女の性犯罪実録調書

# 性病治療の名目で女子中学生を狙う元小学校教師の悪だくみ

岐阜発

『週刊実話』2007年10月4日号

8年前のことである。被害少女の自宅近くで複数の捜査員が張り込んでいた。そこに現れたのが当時39歳だった小学校教師の岡田正則（47）である。

「少しいいかな。ちょっと事情を聞きたい。署まで来てくれるか」

「えっ…」

岡田は顔色を失った。捜査員に取り囲まれ、もはや万事休すだった。

岡田は夏休み期間中を利用し、地元の中1少女宅に電話をかけ、「自分は医者だが、あなたは性病にかかっている疑いがある」と言って誘い出し、自宅近くの山林で「診療」と称し、服の中に手を入れて胸を触るなどのわいせつ行為をしたという嫌疑がかかっていた。

その翌日にも岡田から電話があり、怖くなった少女が警察の「女性被害者相談電話」に連絡し、それを受けて捜査員が張り込んでいたところ、約束の場所に岡田が現れたため、強制わいせつ容疑で逮捕したというものだった。

地元は騒然となったが、このほかにも地元の別の小中学生3人に同様の行為をしていたことが発覚し、懲戒免職処分になった。

岡田は逮捕時、複数の少女の名前や連絡先を書いたリストを持っており、言い逃れができない状況だった。

岡田は懲役3年の実刑判決を受け、服役した。

岡田には結婚歴があったが、わずか1年で離婚していた。そのため、出所後は両親と一緒に実家に住んでいたものの、近所の白い目に耐えられず、別の地に転居して、学習塾で働くようになった。

「自分は人権問題の活動に取り組んでいたので、保護者とトラブルになり、それが原因で学校を辞めることになったんです」

塾の経営者にはそんなふうに説明していた。当時は不祥事を起こして辞めた教師かどうかを調べる術もなかった。塾では真面目に仕事をしていたので、岡田が新たに手口を巧妙化させた方法で、わいせつ行為を再開しているとは、誰もが夢にも思わなかった。

その手口はこうだ。近所の図書館にこもって、12〜13年前の新聞の出生欄を確認する。新生児の名前と親の名前と住所を控え、それをヒントにパソコンの電話帳ソフトで電話番号を割り出し、以前と同じような手口で少女を呼び出し、「学校で尿検査をしたでしょう。その結果、性病にかかっていることが判明した。今のうちに治さないと大変なことになる。でも、心配しなくていい。親にも知られず、国のお金で治せるから」などと言って、信じた少女にわいせつ行為を働くというものだった。

岡田は白衣を着て、黒いカバンを持ち、いかにも医者らしく振る舞った。聴診器を当てたり、体温を測ったり、「薬を塗る」と称して衣服を脱がし、胸や陰部を触ったりもしていた。

ちなみに少女らに話していた性病の説明はデタラメそのものだった。

「オナニーすると性病になることが多いんですよ。注射で治す方法と男性ホルモンで治す方法があります。注射はガマンできないほど痛いですよ」

「性病にかかると、感じ方が変わるんです。治療のためにセックスする方法があるんですよ。みんなこれで良くなっているんですよ」

「オチンチンの先から透明な液が出ているでしょう。これが薬になるんです。口から入れる方法と下から入れる方法があります」

「男性ホルモンは唾液からも出ています。私の舌を吸ってみてください」

岡田は少女たちの無知につけ込み、次々と強姦を成功させていた。しかもその様子をデジカメで撮影し、パソコンに保存していた。

のちに逮捕され、警察に家宅捜索されたとき、これらの動画のほか、全国の約５００人の女子小中学生の名前と住所を記したノート10冊と、Ａ４判の紙に書かれたリスト約１５０枚が押収された。

岡田は自分の話を信じる少女がいれば、地元だけではなく、数百キロ離れた少女の地元まで車を走らせ、少女を車に乗せて山中に連れ出し、同様の犯行を重ねていた。岡田は「約300人に電話した」と言うが、そのうちの約40人が被害に遭い、結果的には5人の少女に対する準強姦や準強制わいせつの罪で起訴された。

実際の被害に遭いながら、「娘の将来を案じて告訴しない」と断念した親も多かった。親もまた、耐え難い傷を負った被害者だった。

5人の少女たちは、性病の心当たりがあったというわけではなく、全員が性体験のない処女だった。元小学校教師の岡田の巧みな話術に引き込まれ、自ら体を開いてしまったのだ。

岡田が逮捕されたきっかけは、「保健センター職員」を名乗る男からの電話が同一地域に集中的にかかり、約20件の通報を受けた警察が地元の中学校に呼びかけて、教師らが生徒に注意喚起した結果、数人の少女が名乗り出たためだ。

そのうちの1人の少女が覚えていた車のナンバーから、岡田の犯行が浮上。岡田は預金を700万円持っていたため、5人の被害者にそれぞれ100万円の示談金を提示したが、セックスした4人の被害者にはいずれも拒否された。

法廷に現れた岡田は弱々しく、検察官に事件を起こした原因を問われ、「自分の意志が弱かった」などと述べた。

「あなた、前回の事件のときは学校の先生だったんですよね。意志が弱いなら対策は？」

「頭が回らなかった。対策は取らなかった」

「カウンセリングに通うとか、何らかの対策を講じることはできるじゃない。やめる気がなかったのでは？」

「そう言われれば、そうかもしれません」

「やめる気持ちより、そういうことをしたい気持ちが勝ってた？」

「そうですね…、感覚が麻痺していたとしか言いようがない」

さらに裁判官からも質問があった。

「小学校教師、塾講師と子供たちと関わってきて、子供が心に傷を負いやすいことを知っている立場だったんじゃないんですか？」

「そう言われれば、そうです…」

「そういうことを考えてみたことはありますか？」

「今回の事件で捕まってから、考えはした」

「今回の事件では、前回の事件で及ばなかった姦淫行為にも及んでいる。起訴しなかった他の被害者もいるんですよね？」

「それは…、もう2度としないということでお詫びするしかありません」

岡田の両親は地元で健在だが、もはや針のムシロだ。岡田の勤務先だった小学校の元校長は「もう私どもの方でお話しできることはございません」と吐き捨てた。

岡田が逮捕時に勤めていた塾の経営者はこう話した。

「事件後は生徒が3分の1に減り、職員も半分が去った。塾を維持するのが精一杯。学校で『岡田2世』とからかわれ、泣いて帰ってきた子もいた。最も分別のある年齢なのに許せない。本人からは謝罪のハガキが1枚届いただけでした。休日に犯行に出かけていたなんて知りませんでした。性犯罪の前科があったことも知りませんでした」

裁判所は「累犯前科があり、常習性は顕著。巧妙かつ計画的で、刑事責任は重大。自らの性的満足を目的とした自己中心的かつ身勝手な犯行で、酌量の余地はない」と断罪し、岡田に懲役16年を言い渡した。

岡田の犯行は、性犯罪が学歴や職歴にまったく関係ないことを物語っている。このような男は出所後、どこで何をするのだろうか。その情報がまったく開示されないのは、あまりにも危険というべきではないのか。

# 男と女の性犯罪実録調書②

2020年11月18日　第1刷発行

編　著　諸岡宏樹
発行人　稲村　貴
編集人　平林和史
発行所　株式会社 鉄人社
〒102-0074 東京都千代田区九段南3-4-5
フタバ九段ビル4F
TEL 03-5214-5971　FAX 03-5214-5972
http://tetsujinsya.co.jp/
デザイン　細工場
印刷・製本　株式会社シナノ

ISBN978-4-86537-201-4　C0195　